1週間で「やせグセ」がつく自己管理メソッド

美脚トレーナー 久 優子

宝島社

はじめに

「もっとやせたい！」
「スタイルが良くなりたい！」
「あと3kgやせたらベスト体重なのに！」

多かれ少なかれ、ほとんどの女性が「ダイエット」について1度は考えたことがあるのではないでしょうか。

そしてダイエットをして、一時的に体重が減りやせることができてもそれを維持できていない人やリバウンドに苦しむ人、いくらダイエットをしても思うような効果が得られない人も多いと思います。ではなぜこんなに「ダイエット」に悩むのでしょうか？

実は、私も「ダイエット」に悩んでいた時期があります。なぜなら私は身長162cm、体重68kgと太っていたことがあるから。今から約25年前、アメリカへのホームステイで激太りしてしまったのです。念願のホームステイがまさかこんな悲劇になるなんて！

帰国してからの私は様々な「ダイエット」を試しました。でも見事に全て失敗！　幾度となくリバウンドをし「ダイエット」の難しさを痛感しました。正直、「ダイエット」をナメていました。やる気になればやせることなんてカンタン！と思っていたのです。

でも実際はまったくやせられず、肌はボロボロになり、身体はダイエットを始めた頃よりたるみ、セルライトも増えてしまったのです。

でもあることを始めた日を境にみるみる脚が細くなり、身体全体が締まってきたのです。着たいと思う洋服が着られるようになり、夢だった25インチのデニムが履けるようになったのです。なんと半年で15kgのダイエットに成功！ そして「脚のパーツモデル」にスカウトされるほどになったのです。

では、私が半年で15kgのダイエットに成功できたのはなぜか。

それは「足首」と「リンパ」のケアでした。足首をひねった経験から、足首が冷たく、硬くなっていることに気が付き、足首をまわすようになり、足先から上に向かってさすり上げるマッサージをし始めたのです。

それから約20数年経ちましたが、今でもリバウンドしていません。そして、ただダイエットに成功しただけでなく、健康になり、女性らしく、美しいボディラインを作り上げ、キープしています。ダイエットをすることも、スタイルをキープするのも考え方は同じ。

「やせグセ」をカラダに教え込めばいいのです！

本書で紹介する「ヤセグセ」がつく自己管理は、私がダイエット中から長年研究し、そして今でも実践していることばかりです。ひとつでも多く、あなたのライフスタイルに取り入れてみてください。「やせグセ」をつけることで身体は確実に変わります。そして一生太らない、また年相応の美しさを手に入れることができます。もちろん一度手に入れたボディラインをキープすることもできるのです。

現在、私はボディメンテナンスセラピストとして身体のバランスを整え、リンパや血液・気の流れを調整する仕事をしています。そして日々お客様に触れて感じることや現代人が改善しなくてはいけない生活習慣など、今の時代にあったメンテナンス法やセルフケア法など、私しかできない観点で研究しています。幸運なことに私のボディメンテナンスメソッドはサロンで実践することができ、書籍やワークショップ、講座、講演会でも発信することができるようになりました。このような活動がみなさんの「新しい発見」にお役に立てればこれほど嬉しいことはありません。

そして本書を手にしたあなたが、自分が理想とする最高のボディラインを手に入れ、一生太らず、健康で幸せな日々を過ごせるようになることを心から願っています。

day 3 「やせグセ」のつくオトナ女子の食べ方ルール

day 4 日常生活のちょっとした行動で「やせグセ」をつける！

day 5 「やせグセ」をさらに加速させてくれる優秀アイテム

さぁ、「やせグセ」をつけるための7日間プログラムのスタートです。ついついやってしまっている「おデブグセ」。ダイエットに成功し、理想のボディを手に入れ、そのボディラインを維持するためには正しい知恵・知識が必要です。まずあなたの知らない事実を知ることからはじめましょう。

1 day

あなたのダイエットを阻《はば》む16の恐怖の真実

恐怖の真実

1

ラーメンは消化に72時間かかる

ラーメン好きな女子多いですよね。

でも……知っていますか? じつは、ラーメンは消化にとても時間がかかる食べ物だということを。消化に時間がかかるということは、胃に長く食べ物が滞在しているため、胃に負担がかかるということなのです。

消化とは、食べた物に含まれている栄養を体内に吸収できるように分解すること。口から入り、食道↓胃↓十二指腸↓小腸↓大腸を通り、便として排泄されます。通常食べたものは3時間ほどかけて胃で消化され、8〜12時間で排泄されます。便を体外へ出すところまでを「消化」といいます。しかしラーメンの場合、胃の中に8〜72時間留まってしまうこともあるのです。私はラーメンが消化に時間がかかる食べ物だと知ってからは怖くて食べられなくなりました(笑)

そうです! 「やせグセ」をつけるために必要なのはカロリーを気にするよりも、口にする食べ物の消化にかかる時間を知って上手に食べることなのです。そしてもうひとつは食前に水分をあまり摂らないようにすること。水分を摂ると胃液が薄まり、消化を鈍らせてしまうからです。そしてよく噛んでゆっくり食べることも大切です。

恐怖の真実

2

帰宅した途端に部屋着に着替える女は、1年で3キロ太る！

家に帰ってついつい楽な部屋着に着替えていませんか？　家の中だからといってゆるい、だらしない服装をしていると自然と姿勢も乱れ、体型が崩れてしまいます。部屋着に着替えるなら適度な緊張感を保てるものを選ぶのが脱おデブにつながるのです。

太っていた頃の私を思い返すと、帰ってすぐに、ゆるめの部屋着に着替えていました。締め付けがない服を着ていると見境なしに食べてしまい、太ってしまうということはれっきとした事実。

今の私は朝着替えてから、夜お風呂に入るまで、朝着た洋服のまま過ごします。夕食を食べるときもそのままの服装です。おなかいっぱい食べたらウエストがきつくなるので自然と食べ過ぎを防止できますし、洋服のままでいると食事をしているときの姿勢も美しく保つことができます。お風呂に入ってからはそのまま寝られる服装……パジャマだったり、Tシャツに着替えます。あとは寝るだけですからむしろ締め付けのない服装に着替えましょう。

家ではリラックスしたいと思いますが、ダイエットをする上で、意識して欲しいところです。

恐怖の真実

3

スマホ依存がたくましい贅肉を育てる

あなたは「スマホ」を見ている自分の姿を鏡で見たことありますか？ スマホを見ている自分の姿って、意外と見たことがないですよね。大半の人は猫背になり、首が前に出て、背中が丸くなり、肩が前に出て、全身がだらっとしています。無防備なその姿は、なんともだらしない姿です。

スマホを見るときはなるべく目線を上にして見ることがポイントです。そうすることで姿勢が崩れず、首が前に出ることも防げます。うつむいた姿勢を長時間続けると表情筋がゆるみ、顔のたるみを引き起こしてしまいます。顔がたるむと首のシワができやすくなり、老けた印象になってしまうことも。

そして恐ろしいことに女性はバストも下がってしまい、内臓の位置も悪くなってしまうのです。姿勢が悪くなると自然に脂肪が移動し、バストにあるべき脂肪は背中や脇腹に移動し、お腹や腰回りにも贅肉がついてしまいます。本当に悪循環なのです。

私もそうですが、スマホは現代人に欠かせない便利アイテムです。でも便利になりすぎて、モノに支配されるような生活をしてしまうと、こういった「おデブグセ」が自然についてしまうので注意しましょう！

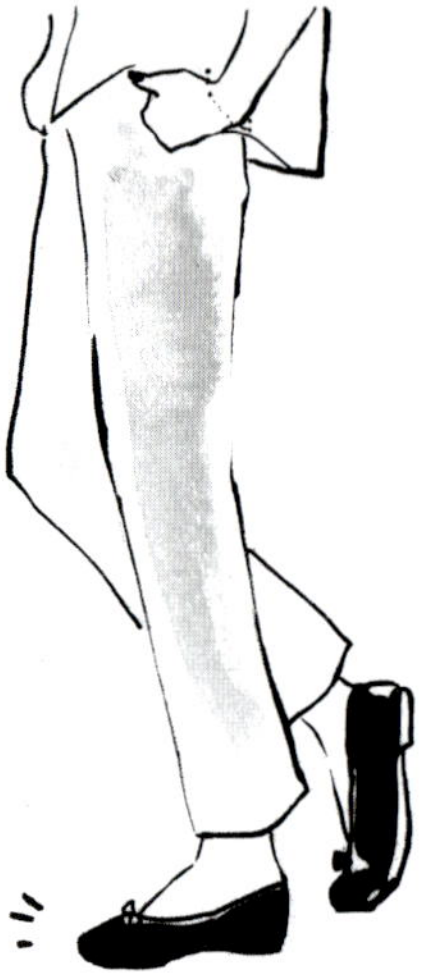

恐怖の真実

4

ペタンコ靴を愛する あなたへの警告

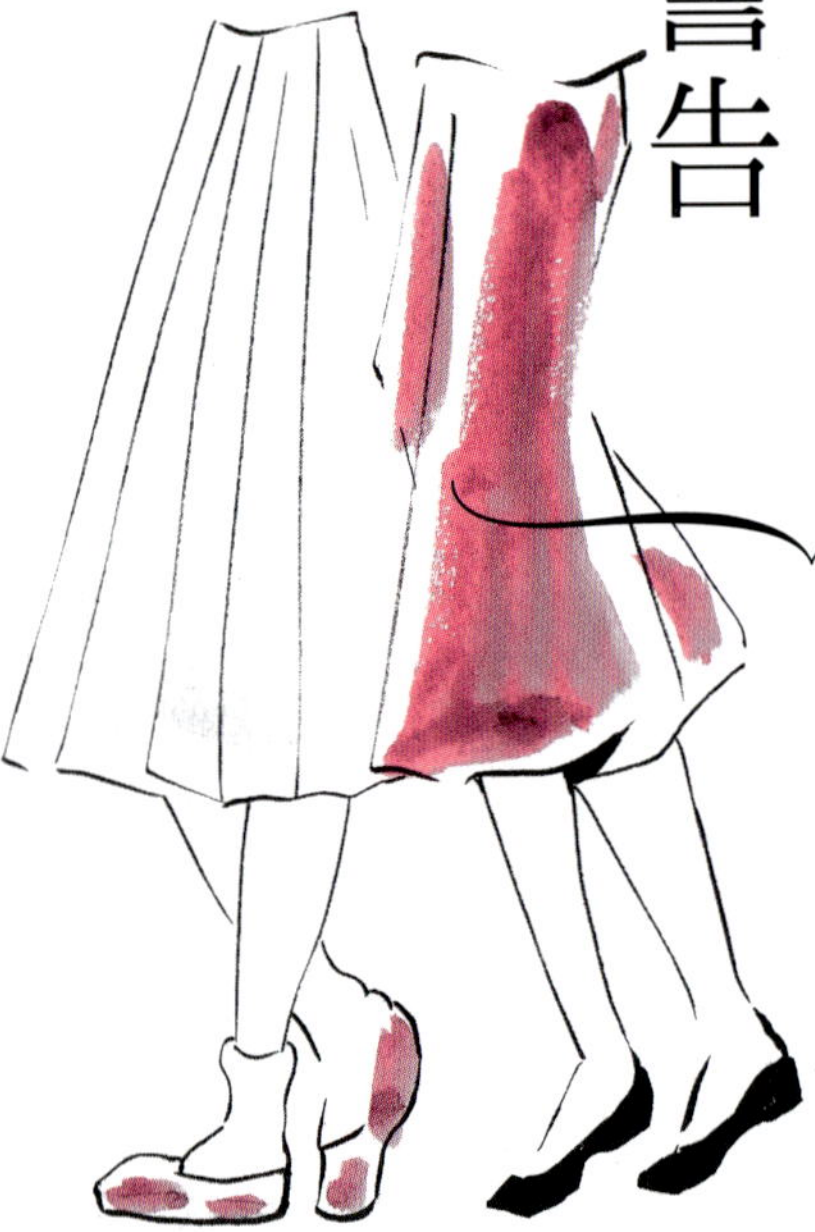

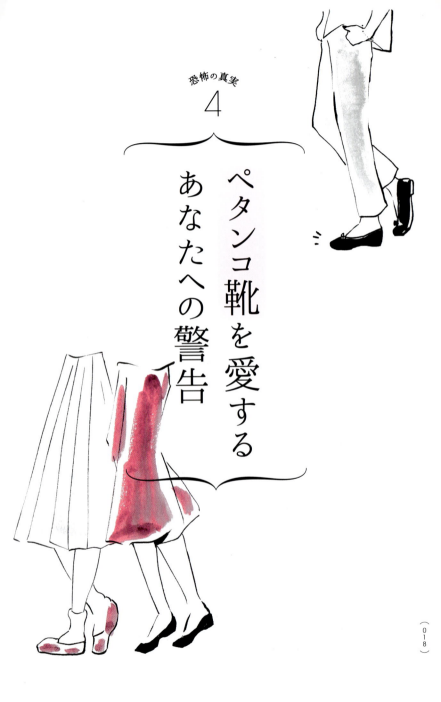

最近、いわゆる「ペタンコ靴」ばかり履いていませんか？
ファッションの流行などもありますが、最近フラットシューズやスニーカーを履いている方をよく見かけます。そしてその大半が歩き方を意識しないせいか姿勢が悪く、足裏の筋肉を使わずにペタペタと歩いています。その歩き方は脚を太くするだけでなく、身体の歪みを引き起こし、太る原因にもなります。

私は普段から7cm以上のヒールを自分の基本としています。それは自分の姿勢を意識するために続けている習慣のひとつなのですが、そのきっかけになったのは脚のパーツモデル時代にあります。

ハイヒールは女性だけの特権であり、美意識が低いと履くことができないアイテムであると教わりました。その言葉通り、ハイヒールで美しく立ち、歩くことは意識なしではできないのです。姿勢を正し、全身にある程度の緊張感を持つことで足の関節や筋肉の動かし方も意識できるようになります。そのように意識し歩くことで脚のラインが変わり、全身も引き締まってくるのです。ハイヒールは骨盤が歪む原因になると言われますが、姿勢を「意識」することで「やせグセ」につながるのです。

恐怖の真実

5

朝食抜きはデブ一直線

様々な議論がなされている「朝食」ですが、美脚トレーナーであり、ボディメンテナンスセラピストとして多くの方のダイエットを見てきた私の見解としては、朝食を食べない人の多くはむくみがあり、脚が太い方が多いです。体内時間をリセットするためにも大切な「朝食」。どんなに寝る時間が遅くても、睡眠時間が短くても朝食をしっかり摂ることで内臓が目覚め、正しい体内リズムになります。朝食を抜くと体温や血圧が上がりにくく、ホルモンの分泌も悪くなり、基礎代謝もダウンし、おデブスイッチが入ってしまいます。

同時に、脳が十分に働かず、思考能力もダウンし、その日の代謝がガクッと落ちてしまうのです。朝、食べたものは昼間の活動で消費されますのでカロリーは気にしなくてOK。しっかりと食べることをオススメします。もし朝になってもお腹が空かないという人は、夕食が多すぎたり、お酒を含む水分の過剰摂取や食生活の不規則さが関係しているかもしれません。

そういう人はまずは内臓をリセットするために食生活を見直し、半日のファステングをしてみては？　半日のファステング後は胃に負担が少ない消化にいいものを食べるようにしましょう。

恐怖の真実

6

早食いがクセになっているあなたへ

忙しい現代人は、ゆっくり楽しみながら食事をすることが少ないように思います。私たちの幼少期の夕食のように、家族のだんらんというのではなく、「ながら食べ」やコンビニのおにぎりで「ささっと」と済ますようになっていませんか？ それも「おデブグセ」のひとつなのです。

そういったいわゆる「早食い」は油っぽいものを食べることやお腹いっぱい食べてしまうことよりもＮＧなのです。なんと早食いする人は、しない人より４倍以上太りやすく、便秘の原因になると言われています。それは咀嚼《そしゃく》に深く関係しています。よく噛むという行為は身体にも脳にも良い効果がたくさんあるのです。

よく噛んで食べることで唾液がたくさん出ます。その唾液に含まれる成分が消化吸収をサポートしてくれることにより、胃腸への負担が軽減されます。そしてよく噛むことで脳の働きが活性化するので、満腹中枢を刺激し、満腹感を得ることができ、自律神経のバランスをとることもできるのです。「早食い」と聞いて思い当たったあなた、今日からよく「噛むこと」を意識し、ゆっくり食べてみて。噛むことは美容にも健康にも良いので30～50回を目安に！

恐怖の真実

7

バッグの中も整理できずにやせようなんて無理！

バッグの中がごちゃごちゃな人は「自己管理のできない人＝太る」。以前私が太っていたときのことを思い出すと、バッグはいつも見事にごちゃごちゃでした（笑）。バッグやお財布の中身を整理できない人の多くは、まさに「自己管理」ができていない人だと思います。

毎日バッグから荷物を出して、翌日必要なものを入れ直す習慣をつけましょう。細かいものが多い人はポーチなどに入れ、整理すれば良いのです。それさえできない人はダイエットすると決めても「今日だけは特別！」「明日からダイエットするから今日は食べちゃお！」などとダイエットすることすらも守れない傾向が非常に強いように思います。毎日持ち歩くバッグを整理するということは、都度必要なものを見極め、ピックアップすることができるということ。「ダイエットをする！」や「健康になりたい！」という目的を持った以上、必要なことを選択し、日々の生活に取り入れなければいけません。自分にとって必要なもの、ことを選び取り、きちんと頭の中で整理できるようになれば、自分の生活習慣や食事、運動、マッサージ、ストレッチなどもきちんと決めて行動にうつせるようになるはずです。「おデブグセ」はこういった何気ない日常生活にも潜んでいるのです。

恐怖の真実

8

自宅のキッチンにある調理器具でやせ度がわかる

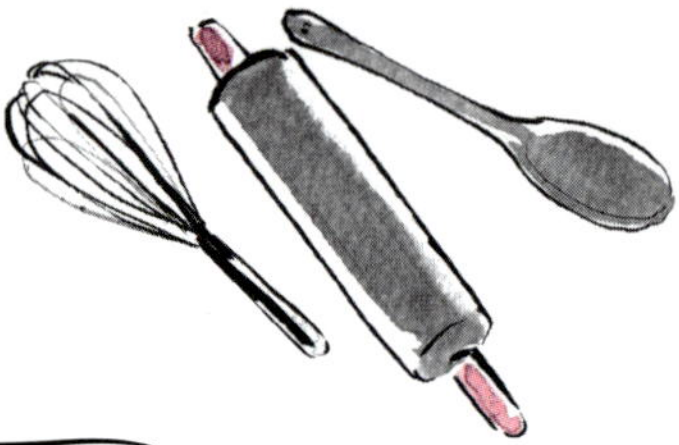

あなたの家のキッチンには調理器具はありますか？　そもそも調理器具がないという方、要注意です！　やせたいのなら、自炊をするために、最低限の調理器具をキッチンに用意しましょう。そして調理器具は自分の使いやすいもので、なるべく「小さいもの」を用意するのがオススメ。小さめの鍋で調理することで作り過ぎや食べ過ぎを防止することができるからです。

私は料理が大好きなので調理器具がどんどん増えてしまいます。でも、一番使っているのは小さい鍋やフライパンです。大きな鍋やフライパンで調理すると、ついつい作り過ぎてしまいます。1回に作る量は1〜2回で食べ切れるような量にしているため、小さめの調理器具が重宝しています。

小さい鍋、ミルクパンなどがあると残り物の野菜でちょっとしたスープなどが簡単に作れます。残りものでなにか1品作るという習慣をつけることで、帰り道に手軽なお惣菜やカップスープなどを買って帰り、食べるというおデブグセをなくしてください！　自分で食べるものは自分で調理し、身体に取り入れることを習慣にすれば、体内の老廃物や余分な水分・脂肪は排泄できるのです。それを意識するだけでも十分「やせグセ」はついていきます。

恐怖の真実

9

下着を洗濯機で洗っている＝ズボラおデブ予備軍

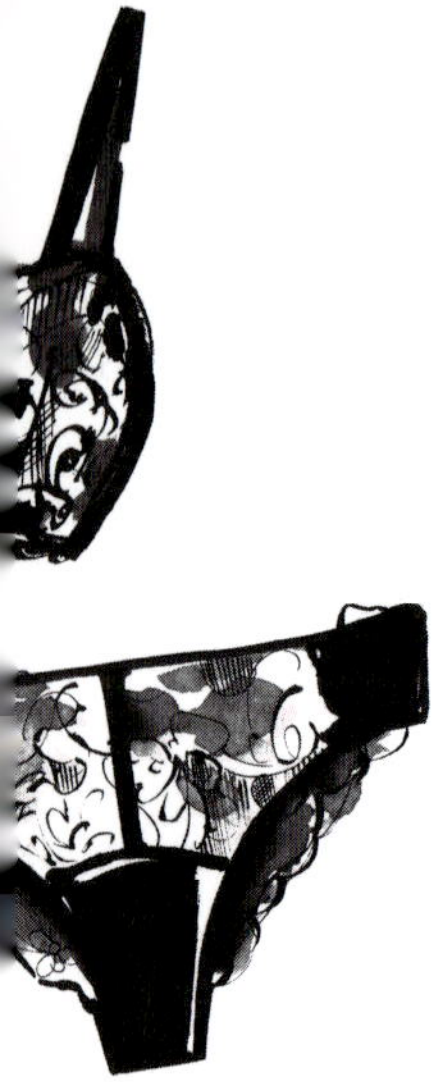

下着を洗濯機で洗うと肉がたるむって知っていますか？ そんな女性として悲しい「おデブグセ」は今日からやめましょう！

下着は手洗いが基本です。ブラジャーを洗濯機で洗うための「ブラジャー用洗濯ネット」なんていうものが売っていますが、たとえそれに入れたとしても洗濯機で洗うのは絶対NG！ ブラジャーはバストアップ対策になくてはならないアイテムです。そんな大事なアイテムをていねいに扱えないなんて、私から言わせれば女性としてナンセンスです。

ブラジャーは、身体のラインをきれいに見せたり、バストの形をきれいに整えたりするアイテム。繊細なレースをはじめ、機能性を高めるためにワイヤーや特殊なパットなど、お洋服にはない工夫がたくさんある繊細なアイテムです。ですから、その機能を崩さないためにも手洗いがマストなのです。洗濯機で洗ったパットやワイヤーが崩れたブラジャーをつけていると、バストのみならずボディラインも崩れてしまいますよ。背中の贅肉やハリのなくなったバストや垂れたバストなどもこれが原因かも！

また、洗った下着の干し方にも注意しましょう。しっかり水気を切って、着用しているように形を整えて干すことが大切です。

恐怖の真実

10

ガードルでやせた気になってませんか？

ボディラインを整えるためのアイテムとしてコルセットやガードルがあります。特にガードルを履いている方、多いですよね。これらの下着で身体のラインを整えているつもりでしょうが、この締め付けでリンパや血液の流れを悪くしていることにそろそろ気付いてください。私は多くのお客様の身体に触れ、これらの締め付けが血液やリンパの流れを妨げていると確信しています。特にガードルを愛用している方の脚の付け根のリンパはパンパン、ヒップは冷たく固くなっています。長時間締め付けているせいかマッサージをしてもなかなかほぐれず、股関節まで硬くなっています。

何よりも怖いのは、締め付けることに慣れてしまうと血管が細くなり、筋肉の伸縮も妨げてしまうことです。何の努力もせず、ただ締め付けることで整えたつもりになるのはもうおしまいにしましょう！

まずは身体を温めてマッサージし、血流を良くしましょう。そして気になる部分をよく揉みながらボディメイクするのです。毎日コツコツ行うことで形が整ってきます。そしてもうひとつ、ヒップラインを整えるコツは歩き方にあります。歩き方を意識すると下半身の筋肉を刺激できるからです。日常からできるちょっとした意識が「やせグセ」を育てるのです。

恐怖の真実

11

睡眠不足が
デブを作る

人生の1／3は寝ていると言うほど、私達にとって睡眠時間は人生で長く占める時間です。

睡眠中の体内では細胞をはじめ、肌・脳・内臓・筋肉・骨のメンテナンスが行われています。つまり、眠りの質が落ちたり、十分な睡眠が取れないと体内のリカバリーができないまま翌日を迎えてしまいます。さらには睡眠不足により食欲を増進させてしまうホルモン（グレリン）が過剰に分泌され、高カロリーな食べ物が食べたくなり、満腹中枢も鈍感になり、太りやすくなってしまうのです。

なんと睡眠不足の人は睡眠が十分取れている人に比べて脂肪燃焼のスピードが半減、さらには筋肉量も減らしてしまうというデータもあるのです。つまり睡眠不足は太りやすい身体を作ってしまうのです。やせたいなら、十分な睡眠時間が取れない場合でも、睡眠の質を上げるように心がけましょう。わたしがオススメするのは、部屋を暗くして、横になり、目の緊張をほぐすために「目のストレッチ」をすることです。やり方は簡単。仰向けに寝た状態で眼球を左右上下に動かすだけです。すると頭の奥がすっきりし、自然な眠りを誘うことができるのです。

恐怖の真実

12

STOP!

まさかまだお水2リットル飲んでないですよね？

毎日2リットルの水を飲めばやせる？　そんなのウソです！　どうして万人にあてはまらない情報を信じてしまうのでしょう。1日2リットルのお水を飲んでやせることができるのは、相当「水はけ」が良い人だけです。適度に運動をし、体液の循環も良く、代謝力がある人のみに効果がありま す。モデルさんがやっているダイエット法をやみくもにTRYする前に、まずは自分の身体の基本的な部分を整えなければいけないことを知ってください。

自分の代謝力にあった水分量を摂らないと、逆に身体全体がむくんでしまいます。そして身体に水を貯めこみ、冷えを増長させ、セルライトまで増殖させてしまいます。身体が冷えると、身体が持っている防衛本能が働き、自然に脂肪が蓄えられるスイッチが入ってしまいます。そうなったらおデブまっしぐら！　自分の代謝力を知るには、摂っている水分とトイレに行く回数を考えてみましょう。摂っている水分以上もしくは同量位、排泄できていれば良いですが、そういう人は少ないと思います。まずは自分に合った水分量を3～4日かけて意識してみることで、適度な水分量を知り、それに見合った水分補給を習慣化しましょう。

恐怖の真実

13

今日、何回全身鏡を見ましたか?

あなたの家に全身鏡はありますか？　まさかメイクをするときにしか鏡を見ていないなんてことはないですよね……？

体重計に乗るよりも大切なこと。まず裸になって、一度鏡の前でじっくり今の自分の姿をチェックしましょう。全身が映る鏡を見る回数を増やすことで自分の身体と向き合うことができるようになります。そして自分の理想に近付くために何をしたらよいか？を考えるきっかけにもなります。

全身鏡で頭から足の先まで自分の身体を見なくなると、人間はどんどん太っていきます。なぜかというと、人間は自分の身体を定期的に客観的に見ることで、全身のバランスを確認できるからです。やせたいと思うなら体重計に乗るよりも鏡を見る回数を増やした方が絶対に効果的！身体のラインを自分の目で見ることで、「こうなりたい」「この脂肪はいらないな」などとチェックする方が脳へダイレクトに伝わるからです。体重はただの数字です。でも私達が求める真実のダイエットは体重を減らすことではなくボディラインを整えることなはずです。体重計に乗って数字を見て一喜一動するよりも、鏡で全身をチェックし、美しいボディラインを作る努力につなげるべきなのです。

恐怖の真実

14

「むくみ＝おデブ」あなたは太っているのではなくむくんでいる！

実は、「太っている」と思っている方の大半は太っているのではなく、むくんでいる方がほとんどです。むくみがひどくなり、脚全体が硬くなり、太ももに関してはセルライトがびっしり……そんな方は、実はおデブではなく、「むくんでいる」だけなのです。

おデブの原因はむくみ。むくみの原因の多くは、リンパの詰まりと冷えです。ですから、まずはその根本原因でもある「むくみ」を改善しないとやせないのです！

ちなみに私の場合は「顔」。実は、どんなに身体がやせても、顔だけは丸いままだったのです。「生まれ持った顔の輪郭だから仕方ないか……」と思っていましたが、あるときリンパマッサージを始めたところみるみる顔が小さくなってきました。

また、お客様の中でも脚が太いと悩んでいた方が、自宅でもマッサージをするようになった途端、むくみが改善し、どんどん脚が細くなった人も多くいらっしゃいます。私のこれまでの経験から、大半の方は「むくみ＝おデブ」と思っていただいて間違いありません！そして「むくみ＝おデブ」はリンパを流し、冷えを解消することで確実に改善されるのです。

恐怖の真実

15

髪の毛の自然乾燥で顔が大きくなる

意外と知られていないことですが、お風呂上がりに髪の毛を乾かさないと顔がむくみ、大きくなってしまいます。毎日していることですから想像しただけで恐ろしいですよね。

それだけでなく、肩こりや首こりが慢性化し、上半身ががっちりになってしまうのです。なぜかというと髪の毛を乾かさないでいる時間が長ければ長いほど、濡れた髪の毛を通して頭皮や首、肩が冷え、「こり」を誘発させてしまうからです。首がこるということは、首の血流が悪くなるということ。すると途端に首まわりにあるリンパの流れも悪くなってしまいます。首の血流とリンパの流れが悪いと顔はむくみ、どんどん大きくなってしまうのです。

私は毎日リンパマッサージをするようになってから、2まわりほど顔が小さくなりました。それはフェイシャルリンパケアと首のリンパケアをていねいにするようになったからです。髪の毛を乾かさずに自然乾燥させることは、髪の毛のキューティクルが開いてしまうだけでなく、子宮の冷えさえも引き起こすと言われているほど。美容の面から見ても健康の面から見ても女性にとって間違ってはいけない大事なポイントですね。

恐怖の真実

16

着圧ソックスが あなたのスリムを 阻んでいる

人気の着圧ソックス。あなたも一度は使ったことがあるかもしれませんが、残念ながらヘビーユーザーは脚が冷え、むくみやすいというのが私の見解です。

本来、着圧ソックスは手術後に足のむくみを取るために医療現場で使われたものです。本来、足に血液や体液が溜まらないようにするものなので、血栓やむくみ防止に使われています。着圧ソックスで適度な圧を与えることで、血液の循環を促進できるからです。特筆すべきなのは、医療用のものは着圧が強く、市販のものは着圧が弱い、ということ。

今では着圧ソックスが簡単に手に入り、愛用している方が多いのですが、履き続けると逆に脚が太くなることもあるんです。着圧ソックスを長時間履いていると足首や足の甲が痛くなってしまうことがありませんか？　それは血行が悪くなっている証拠なのです。また、就寝中は血圧が下がっていますので、着圧ソックスを履くと足への負担がかかってしまいます。履くだけで脚がほっそりするようなイメージがありますが、自分の手で、ふくらはぎをマッサージする方がよっぽど効果的です。足がむくんで痛い、重いなどと感じるときだけ、短時間のみ使用するようにしましょう。

no.01　こんな女を目指したい！

だれもが憧れる女性。目指すはこんな大人の女性。

1

大人の女性の魅力を知っている

ある程度の年齢になったら単なる「美」ではなく、大人の女性としての魅力についても考えましょう。男性から好かれるより大事なのが「同性の目」。同性は同性に厳しい目を持っています。同性から憧れられる女性であるかどうかは大人の女性としての魅力を図る重要なバロメーターになります。私が憧れる大人の女性とは、心の強さを持っていること、身分不相応なことをしないこと、知性を感じられる人、品がある人。身なりや立ち振る舞いが美しく、洗練されていることも大事です。内面も外見もかっこいい。そんな女性が理想の女性。

2

存在感がある

街を歩いているとすれ違いざまに思わず振り返ってしまうような素敵な人を見かけます。一瞬のわずかな時間で「素敵！」「きれい！」と感じることができたのはその人の全体的なオーラ、雰囲気だと思います。身にまとっている雰囲気が素敵な人、また第一印象がいい人は独特の雰囲気を持っています。特別美人ではないけれど、雰囲気のある、オーラのある人……それが「いい女」だと思うのです。

3

なりたいイメージを持っている

「きれい」の目標を持ったらよりきれいに！ 私はダイエットをしているとき、いつも「イメージトレーニング」をしていました。憧れの人でも、目指すスタイルでも、目標を明確にするためです。目指す方向が明確だと「道」が見えるのですね。私の場合は「峰不二子」。彼女のフィギュアと太った自分の写真を並べて毎日イメージトレーニングしていました。イメージと実践がバッティングしたとき、引き寄せられるようにどんどん理想に近付けるのです。

美容と健康は表裏一体であることを知っている

4

身体の外側を飾ることばかりではなく、もっと身体の内部に目を向けなましょう。私が恩師に言われた言葉。「身体の外・内からのケアを同時に行わなければ真のキレイは手に入らない」。見かけだけのきれいは本当の意味での価値はない。健康であってこそきれいも本物になれるのです。ますは身体の中に溜め込んでしまった「毒素」「老廃物」をしっかりデトックスしましょう。そうすると驚くほど身体の不調も少しずつ改善するんです。

自分がブランドである

5

20 代前半、シャネルのバッグが欲しい！ と思ったとき、ある人に教わったこと。 それは、そのバッグを持ってみて今の自分に似合っているかどうか？ ということ。そのバックに持たれているようなら恰好悪いというモノの見方でした。恰好の「恰」は「あたかも」「ふさわしい」、「好」は「良い」という意味で「ちょうど合う」「ふさわしい」という意味。 そのときから欲しいものは身分相応であるかどうかを見極めてから買うようになりました。自分がそのモノを持っても恰好良くなれるように「自分自身がブランドになる」……それが私の目標となりました。

後ろ姿も美しい

6

自分の体をチェックするとき、後ろ姿を見ていますか？ 他人はあなたの 360 度を見ていることを知りましょう。 後ろ姿を見ないで前からばかり見ていると気付かない部分に贅肉が！ たるみが！ ということがあります。後ろ姿をチェックすることで背筋やヒップラインなどを自然に意識することができるようになります。例えばタイトフィットなお洋服を着ているときのバックスタイル、下着のラインがひびいていませんか？ ヒップがだらしなくなっていませんか？ 太ももが横に広がり脚のラインがぷっくりしていませんか？ 気付いたら後ろ姿ブスになってしまわないように、こまめにチェックしましょう。

やせている人がみんなやっている1ヶ月でマイナス3kgの28の法則

day 2

ダイエットに成功し、理想のボディラインを維持している人がしていることは「意識」をするということです。肉体的な美しさ、表情の美しさ、身のこなしの優美さ、内面からにじみ出る輝きも日々の「意識」と「習慣」で思い通りに手に入れることができます。プログラム2日目はそんなぜひ知って欲しい28のルールを紹介します。

やせている人の常識 1

体内時計をリセットできる

体内時計とはよくお腹が空く時間に例えることが多いですが、私達が過ごす1日の全てに関係するのが「体内時計」です。そもそも疲れやすい、眠りが浅い、体脂肪が増える、なかなかやせることができない……などの悩みの根本改善をするには、まず体内時計をリセットすることが大切なのです。

調整するためのキーワードは「光」と「食事」。リセットするためには1日の始まりに「朝日」を浴びること。朝起きたらしっかり日を浴びて、「朝」「目覚め」「1日のスタート」と身体に教え込みます。そして午前中のエネルギー源である「朝食」をしっかり摂りましょう。どんなに寝る時間が遅くても、睡眠時間が短くても朝食をしっかり摂ることで内臓が目覚め、正しい体内リズムになります。朝食を摂らないと体温や血圧が上がりにくく、基礎代謝もダウン。ホルモンの分泌も悪くなります。そして1日の終わりには電気を消して光を遮り、眼はもちろん、脳も休ませてあげてください。ここを意識するだけで、あなたの毎日は驚くほど変われるのでぜひTRYしてみて。

逆に体内時計が乱れると「体重が増えやすくなる」「記憶力・集中力の低下」「自律神経・ホ

ルモンバランスが乱れる」「肌老化が早まる」……いいことはひとつもありません。「やせグセ」をつけるだけでなく、抗エイジング・美ボディも叶うので、まずは体内時計をリセットしましょう。

やせている人の常識 2

日々の小さな「意識」の積み重ねが大切だと知っている

ヨガやピラティスなど、身体を動かすトレーニングもいいけれど、日々の意識が一番身体を変えてくれます！「やせグセ」をつけるということは、今までの自分の身体をリセットすること。そして自分に合った身体に優しい習慣をつけることです。もちろん人それぞれ生まれ持った体質がありますが、日々の「意識」の積み重ねは美しさに磨きをかけてくれる最高の魔法なのです。

まずは姿勢です。姿勢を良くする意識を持つと首が長くなり、身長は1cmほど伸びます。イメージとしては頭の上から糸でまっすぐ上に引っ張られているような感覚を持つこと。そしてフェイスラインから鎖骨まできれいに見せるには、耳たぶと肩のラインを引き離し、肩をできるだけ下に下げること。すると背筋も伸び、顔は自然に前を向きまっすぐ立つことができます。とにかく姿勢を良くしましょう！背中の筋肉を鍛えようとするのではなく、こういったイメージングや想像力を使うともっと磨きをかけることができるのです。

やせている人の常識

3

姿勢は全ての基本だと知っている

美しいボディラインの基本は「正しい姿勢」にあります。どんなにスタイルが良くても猫背だと美しくありません。見た目の美しさだけでなく猫背は健康にも悪いのです。猫背がクセになると呼吸が浅くなり、あばらが前に浮き出し、上半身に厚みが出ます。そして体が前のめりになることで首が前に出て、肩こりや首こりを引き起こしてしまい、さらには内臓が下垂し、ぽっこりお腹になり、内臓の働きも悪くなります。

猫背は上半身への影響にとどまらず、下半身にも影響が。脚は内股になり、歩くときには膝が曲がり、歩幅が小さくなってしまいます。すると脚のラインも崩れ、ヒップも下がり、脚が短くバランスが悪い印象になってしまうのです。猫背の人は脚はひざの内側がつかなくなってO脚になったり、反対に股関節は内側に歪みX脚になります。身体の土台である足のトラブルが出てくると身体は途端に歪んでしまうのです。

姿勢を正すだけでスタイルも良く見えるようになり、正しい姿勢により、背筋が伸びると背も1〜2㎝高くなり、バストやヒップの位置が上がります。それを想像しただけでも見た目がとても変わりますよね。「姿勢を正す意識を毎日数回するだけでも身体はきれいに変わってくれるのです。

やせている人の常識 4

自然でかっこいい歩き方をしている

私が脚のパーツモデルをしているときに受けたウォーキングレッスン。この歩き方のおかげで私の脚のラインはいつも真っすぐできれいになりました。正しい姿勢をきちんとマスターしたら、次にTRYしていただきたいのがこのウォーキングです。

重心を身体の中心に落とし、みぞおちに力を入れ、身体が真っ直ぐになるように意識します。まずは1本の線の上を歩いてみましょう。正しい姿勢を保てていると身体は左右にぶれず、上半身も頭も揺れずに歩くことができます。そして膝を曲げないようにするのもポイントです。足のかかとから足の親指に重心を移動させ、地面を捉えるように歩きます。少し大股かな？と思うくらいの歩幅で歩いてみましょう。この歩き方をすると颯爽と歩いている印象になります。だんだん慣れてきたら今度は、膝の内側と内側が軽く触れるようなイメージで歩いてみましょう。すると骨盤が締まり、だらしのない歩き方が防止できます。見た目もとても美しくなります。この歩き方を意識し、毎日することで真っすぐな美脚になります。

やせている人の常識
5

背中を開くことでエネルギーといい「気」を取り入れている

人間の身体には「気」が流れています。日常生活においてできるだけ「悪い気」を除き、「良い気」に満ちた日々を送るようにしたいものです。

私が師事しているホリスティック医師の帯津良一先生は「気」について長年研究をされていて、院内には道場があるほどです。毎日気功を行っているのが健康の源であるとお話されています。

「気」の流れが一番滞りやすいのは、関節・筋肉が硬くなっている部分です。ですから私たちが日々の生活の中で簡単に体内の気の流れを良くするためには、身体の関節を十分に動かし、筋力を柔らかくすることが大切なのです。

私が一番効果的だと感じたのは背中を開くことです。中医学では背中を「陽(＋)」、胸を「陰(－)」と位置付けているからです。エネルギーと良い気を取り入れたいときには胸を張るのではなく、背中を開くという意識をしましょう。そして1日2～3回は肩甲骨を左右に広げ、背骨を開くようなストレッチをしましょう。

やせている人の常識

6

「美脳力」を磨く意識をしている

意識的に脳のリセットをしましょう。凝り固まった考え方、考え方のクセなど、意識しないとなかなか変えることができないけれど、意識してリセットすることで柔軟な脳を作ることができます。

リセットした脳は、驚くほど新しいものがバンバン入ってきます。その中に自分が欲しているヒントがあることや、気付かされることも多いのです。その貴重な情報をインプットするためにも定期的に脳をリセットする習慣を持ちましょう。

そのひとつとして私が行っているのは、頭の中で考えていることを実際に書き出すこと。ひらめいたことやヒント・答えになることが浮かんだらまた書き加える。そうすることで脳のクセがだんだんフラットになります。ひらめいたことを記録し意識しておくと、いざというとき、潜在的な創造性を発揮できます。私の場合、そのメモのおかげで仕事上、大いに助けられています。この習慣をつけると自分の身体に向けた情報も選別できるようになります。自分に合うかどうか？ 自分に必要な情報なのか？ など、自分なりに分析して、いわゆる先見の明を持つことができるようにもなります。

やせている人の常識

7 身体が欲するものを素直に食べている

まずダイエットを考えたとき、カロリー計算をしたり「○○を抜く」「○○は食べない」などと考えがちですが、私は食べ物を制限することはしません。例えばお肉や揚げ物が食べたいときは身体が欲しているのだと思い、素直に食べます。だってダイエットは期間限定だったとしてもスタイルキープは一生のテーマですから。

ダイエットに成功してから「おデブ」には絶対に戻りたくないと決意してから、約20年。以来、私は食べたいものは我慢せず食べる主義を貫いています。なぜなら太りたくないからと言ってガマンばかりしては心にも身体にも良くないからです。そのストレスでリバウンド・スイッチが入ることほど怖いことはありません。

「ガマン」をするのではなく、「セーブ」するという意識を持ちましょう。

「食べたいものは食べる！　でも食べ過ぎないようにする」で良いのです。

身体に正直に、欲しているものを取り入れながら日々を過ごしていると、季節のものや旬のものに敏感になります。旬のものはエネルギーが高いので健康にも美容にも良い作用をしてくれるのです。

やせている人の常識 8

常に、素肌が柔らかい

よく「やせたいなら筋肉をつけなさい！」と言いますが、私に言わせれば、それよりも大事なことは「脂肪を柔らかくすること」だと断言します。

体質もあると思いますがやせたい！と思ったときに運動を始め、筋肉をつけるようなトレーニングを始めると、脂肪の上に筋肉がついてしまい、逆に太くなってしまいます。私のダイエットの成功の鍵は「マッサージ」と「リンパケア」。まずは脂肪を柔らかくすることから始めました。リンパの流れに沿ってさすることで日に日に脚が細くなりました。

「やせたい！」と思ったらとにかく「マッサージ」をすることを習慣にしてください。お風呂でしっかり身体を温めて、とにかく脂肪を柔らかくする。そうすると自然にむくみも取れ、モチモチの素肌をキープすることができます。

運動よりもまずは「マッサージ」で脂肪を柔らかくすることで成功までの道のりをショートカットしましょう。

やせている
人の
常識
9

とにかく冷やさず、温めている

冷えは万病の元。私は人体学、中医学を学び、「冷え」が身体に悪いということを自らの体験を通して、実感しています。私はミニスカートやショートパンツを穿くことが多いため、日常から冷えやすいので、より意識的に温めています。セルフマッサージをし、湯船にじっくり浸かり、レッグウォーマーをして、足首まわしをしたりして常に血流を意識するようにしています。

私のサロンでは開業して間もない頃からアメジストが敷き詰められた温熱マットを導入し、ボディメンテナンスをしながら、血液・リンパの流れを促進できるようにしました。そのマットの導入で「温める」ことをより意識するようになったのです。

身体を温めるために簡単にできるのは湯船に入ること。湯船が苦手な方は足湯から始めてもOKです。身体を温めると、血流が良くなり関節も柔らかくなります。身体が軽くなり、引き締まってきます。腹巻きやカイロ、締め付けのない厚手のタイツなどを工夫し、ライフスタイルに取り入れましょう。

やせている人の常識

10

「自宅でプチトレ」が習慣化している

「プチトレ」……私の場合、スタイルキープのためにもストレッチとマッサージに加え、ボールやストレッチポールを使った「プチトレ」をしています。

テレビを見ながら、音楽を聴きながらの「〜ながらトレーニング」。本格的なトレーニングはなかなか続かないので「プチ」「スロー」というライトな感じのトレーニングしています。時間があるときに背中を伸ばす、脇腹を伸ばす、肩甲骨をストレッチする、ボールで少し負荷をかけるなどの「プチトレ」習慣をつけると程良い筋肉をつけることができます。マッサージを併用しながらのトレーニングなので、乳酸が溜まっていない柔らかい良質な筋肉をつけることができるのです。この「プチトレ」をするようになってから筋肉と脂肪の間にできるきれいな「影」が出るようになりました。

ストレッチポールもしくはボールを購入してぜひ習慣にしてみましょう。とにかくはじめはゆるくでいいので習慣にすることに意識しましょう。ちなみにストレッチポールやボールをいつでも見えるところに置くようにしてください。小さいことをコツコツ行うことで大きな結果が出ます。このプチトレは本書P.145〜155でも紹介していますのでご参考に！

やせている人の常識 11

どんな瞬間も誰かから見られている自意識を持っている

残念ながら、女性は人目を気にしなくなった瞬間から見事に女でなくなります。逆を言うなら、誰かにどこからか見られているという意識をし続けるだけで、女性はいつまでも女でいられます。

かくいう私も、振り返れば昔、子育て中は女としての意識が0に近くなりました。子育てで自分の時間がなくなり、自分に向ける目が薄れてきたからです。その頃の写真を見ると、かなり老けている自分に悲しくなります。子育て中だから仕方がない！　ではなく、子育て中も美意識を持つべきだと当時の写真を見るたびに思い、反省しました。

子育て中のみならず、自意識を持つということは「美」を意識させてくれる一番の原動力。自意識を失うと、細かな部分に気を遣わなくなり、化粧やヘアスタイルに対してもおろそかになりがち。そういう気持ちを再度確認するためにも確固とした女としての「自意識」を持ちましょう。外に出るときはもちろん、近所に出かけるとき、スーパーに買い物に行くとき、どんなときでも意識するようにしましょう！　それが美とダイエットを両立するための第一歩です。

やせている人の常識 12

呼吸の重要性を知っている

普段は無意識にしている「呼吸」ですが、この無意識に行なっている呼吸が自分の身体にとって大事なことだと教えてくれたのは帯津良一先生でした。ホリスティック医学の第一人者として有名な医師ですが、帯津先生の「呼吸法・気功」はとても効果的。日頃から意識的に正しい呼吸をすることで体内の浄化はもちろん、ストレスに絶大な効果を発揮してくれるのです。

その方法とは、肩の力を抜き、おへその下の内側あたりに力を入れ、目を閉じた状態で椅子に浅く座り行います。まずは鼻で4つ数えながら深く空気を吸います。口を尖がらせたままゆっくりと8つ数えながら「ふ～」と息を吐いていきます。

吸うときよりも吐くときに意識をすることで「副交感神経」が優位になります。副交感神経が優位になるとストレスを解放することもでき、さらには腸の動きが良くなるのです。

体内にある空気をすべて吐き切るように意識しましょう！

やせている人の常識

13

情報に振り回されていない

世の中、TV、雑誌……美容や健康についての情報があふれています。「水を2リットル飲むとやせる！」「プチ断食でやせる！」「効果的な○○ダイエット」……などと言われますが、果たしてこれは万人に言えることなのでしょうか？

私も以前太っていたときには色々なダイエットをしましたが全て失敗！ もれなくリバウンドしていました。

今になってわかったことは、ダイエットというのは一時的なものではなく、キープするためには最低限のルールを守り、継続することが大事だということ。

とにもかくにも自分の身体に合っていること、身体が欲していることをやらなければ結果はついてこないということ。自分の身体を知り、理解する努力、また自分の身体が欲することを行うというのがシンプルかつ最も重要な成功の鍵なのです。

やせている人の常識 14

有意義なバスタイムを過ごしている

みなさん、バスタイムは、きれいをつくる最高の時間なんです！ その時間をシャワーでさっさと済ませるのは本当にもったいない！ ぜひ、この本を手に取ったみなさんには自分のバスタイムを見直していただきたいです。

詳しくは、P.110のコラムでも解説しますが、私はマッサージやストレッチ、ボディ磨きなど自分の身体のメンテナンスの7割はお風呂で行います。入る目安は寝る1〜2時間前。湯船に入り、深部体温と血流を上げます。湯船で温まったあとは身体の隅々までマッサージ。お風呂上がりに改めてマッサージをすることができなくても、お風呂の中で身体を洗う時についでにマッサージができます。お風呂で行うメリットは身体が温まって、血流が良くなっているためデトックス効果がアップしていること。そしてオイルやボディソープのおかげで指が動かしやすく、マッサージしやすいということ。顔や足のむくみ、お腹周りの贅肉、運動してもやせないなどで悩んでいる方は、バスタイムを味方にすれば1週間で目に見える効果があるはずです。

やせている人の常識 15

健康器具や美容器具に頼らない

色々な健康器具、美容器具のコレクションをしているのは「おデブグセ」がついている証拠！ 美容器具などをたくさん持っている人、新しいものが出るとすぐ買う人、買っても数回で使わなくなってしまう人……もうそろそろやめませんか？ お客様に相談を受けると必ずこう言います!! 「何を買っても無駄です！ やせられません！」って。でもせっかく買ったものを無駄にして欲しくないので効率良く使える方法をお教えします。私もダイエット中に色々なものを買って試しましたが、やはり自分の手でケアするのが一番だと実感。自分の手は温かく、程よく弾力があり、指先は細かい部分まで届き、自由自在に動かすことができます。自分の指先で感じる感触ほど確かなものはないと思うのです。ダマされたと思って1週間自分の手を使ってケアしてみてください。絶対に効果を感じるはずです。

やせている人の常識 16

洋服は必ず試着をして買う

私は洋服を買うとき、気になるものは試着室にすべて持ち込みます。そして1着ずつしっかりフィッティングして、変なシワがないか？　引っ張られているところはないか？　スタイルがよく見えるか？　見えないか？　しっかりと見極めます。試着をしないでSやMといったサイズ表記だけで選んでしまうのは自分のスタイルに興味がないと言っているも同然です。既製品の場合はジャストフィットというものを探すのは至難の技。せっかく買うなら自分の身体をきれいに見せてくれるお洋服の方が良いですよね。

洋服を選ぶポイントのひとつに「バランス」があります。自分の身体とのバランスが合うのかどうかを見極めるのです。私も以前は「好み」や「イメージ」で洋服を購入して失敗したことがたくさんあります。けれど自分の顔や体型、脚の長さなどとバランスが取れているかどうかを考えるようになってからは、どんなに気に入ってもバランスが悪いものは、購入しなくなりました。素材、スカート丈、袖丈、着丈、胸の開き具合など自分が一番きれいに見えるアイテムをワードローブに入れるだけで「やせグセ」につながるのです。

やせている人の常識

17

手軽なものは食べない

自分で作らなくても一歩外に出れば、なんでもありますよね。便利な世の中です。でもそれに頼ってばかりいるとおデブ予備軍になってしまいますよ！　食品添加物とは食べ物を作ったり加工したり保存したりするときに使う調味料・保存料・人工甘味料・着色料のこと。これらは、ダイエット・健康・美容にも大事な腸内環境に悪影響があるのです。腸内にある善玉菌の働きを抑制し、免疫機能を低下させ、細胞や血管、腸壁を傷つけ、大事な腸内細菌である悪玉菌・善玉菌を減らしてしまうのです。せっかく運動をしても、身体に良いサプリメントを摂っていても全く無意味になってしまいます。コンビニやインスタント食品・お惣菜などには必ずと言っていいほど食品添加物が入っています。簡単に手に入るものには「毒」が入っているかも？くらいに考え、自分で食事を作るような工夫をしてください。食品添加物を生活から除くだけでもかなりのデトックスになりますよ！

やせている人の常識

18

年齢に焦っていない

私も30歳、35歳、40歳と年齢の壁を超えてきました。私の場合、35歳を越えた頃から年齢を意識するようになりました。肌の体の変化が出てきて焦ることもありました。でも誰でも歳は重ねるもの。ですから歳の数より、その歳の重ね方を意識し、「自分らしく！」をモットーにするようになりました。

歳の重ね方が自分らしく、満足できるものだったら今の自分が一番好きでいられます。私は若かりし頃の自分より、今の自分が好きと心の底から思うことができました。自分らしく、自分のチャームポイントを生かし、コンプレックスを受け止める。そしてコンプレックスは隠すのではなく、チャームポイントを磨くことで自然に目立たなくなりました。そうすることにより年相応で自分らしい「美」の形を持つことができます。実物大の自分を受け入れることができると自分の目標にする「なりたい自分」が明確になります。若作りをするのではなく、若さを妬むのではなく、自分らしさを大事にできるようになると思うのです。

考え方も心の持ち方も、その時々の魅力を最大限に引き出せる自分になれれば最高ですね。

やせている人の常識 19

「審美眼を持つ・養う・育成する」意識を持っている

たくさんの情報があふれる中、「本物」を見抜くことがとても難しくなってきています。アンテナを立て色々な情報をインプットしますが果たしてそれが自分に合っているかどうか？　そして自分の身体が欲していることなのか？　を見極める力をつけることがとても大切です。

私の判断ベースになっているのは「理」にかなっているかどうか、自然の摂理に反していないかどうか、です。ダイエットや美容に関しての情報はそこが大きなポイントになると思います。数々のダイエットを試し、失敗してきた私だからわかること。実際にセラピストになるために人体学解剖生理学を学んだからわかること。そうです！　ベースにあることが流行りやポーズ、ファッションではなく、「不変」である事が重要なのです。そこには正しい知識と判断力を要しますが、それさえあれば自分自身で美を保てるのです。

やせている人の常識

20

素脚力の威力を知っている

思い切って基本を素脚にしてみませんか？　脱ストッキングやタイツ、レギンスをしてみましょう！　そう言われたら、あなたは自信を持ってＹＥＳと言えますか？　やせている人、セルフケアをしている人はいつだってＹＥＳと言えるのです。ＴＰＯに合わせて着用するのは大人の女性として大事なことですが、美しさの基本はまず「素」だということを忘れないでください。お化粧をしてきれいなのは当たり前。お洋服やストッキング、タイツを履いていれば美しく見えるのも当たり前のことなのです。

けれど、本当の美しさは「素」であるべきなのです。私も以前は隠して、飾って、きれいを作っていましたが、それは「本物」ではないと気が付きました。

ではなぜ「素脚」なのかというと、身体のパーツの中でいちばん「素」にしやすい部分だからです。脚のケアをするようになると自然とボディケアをしたくなります。そして意識的にプラスしていただきたいのが細かいパーツの手入れ。かかとや膝、足の指先、足の爪など隅っこケアをすることにより、もっと「素」に自信が持てるようになるはずです。

やせている人の常識 21

他力本願な美容を過信せず、自分でケアしている

毎日のセルフケアを習慣にしましょう。プロに任せるべきは任せる事も大切ですが、セルフケアは美容面だけではなく、健康面の予知予防にもなります。自発的な行動の積み重ねは揺るぎない「美」と「健康」を作り出すことができます。そして自分の生活習慣を見直し、自分で自分を癒すことも意識しましょう。その第一歩が「足裏」と「足首」のケアです。

顔のシミが気になる！　肩こりが気になる！　そういうときはその気になる部分のケアをしますよね。でも私の長年の研究では気になる部分のケアより足裏と足首をケアすることで不調の改善ができることがわかりました。足首にはリンパが集中しています。足裏には反射区があり、圧することで血液が集まり、弱った部分を改善する効果があるのです。そして足首の関節をゆるめることでより全身が整い、全身の巡りも良くなるのです。

やせている人の常識

22

病気を未然に防ぐ「ボディマッサージ」の効力を活用している

毎日の習慣として絶対にしていただきたいのが「セルフマッサージ」です。私は長きに渡り、自分に合った美容を模索し、行き着いたのがリンパと血液・関節のケア。ダイエットをしているときから研究し続け、今でも毎日欠かさずしています。そのおかげで約20年ボディラインが変わらずスタイルをキープすることができています。「リンパ」「血液」「関節」のケア……それが今の私のボディメンテナンスメソッド基本になったのですが、美しくなるだけでなく、健康になるメソッドなのです。私は人体学を学び、色々な分野で知識を深めた結果、薬や人工的なものに頼らない道を選ぶようになりました。毎日、セルフマッサージをするようになって風邪とは無縁になり、体調も安定しています。風邪っぽいな……と感じたら身体を温め、ボディマッサージをし、しっかり睡眠を取れば翌日には復活！という身体になりました。健康でなければやせることもボディラインを引き締めることもできません。今回紹介するセルフケアは私がスタイルキープしている秘訣がたっぷり詰まっています。これを機にこまめなセルフケアをぜひ習慣にしましょう。

やせている人の常識 23

デニムが似合う女である

私は太っている頃、とにかくデニムをかっこよく穿きたい！という願望が非常に強くありました。そしてダイエットに成功した今でもデニムは私の戒めのマストアイテム。8年前に買ったお気に入りのデニムが穿けるかどうか？それが私の「バロメーター」なのです。そのデニムはラインとダメージ具合がとても良い黄金デニム。今では日本で購入できないのでとても大切にしています。

デニムが似合うかどうか……これは私にとって大きなポイントなのです。なぜならデニムは、体型の変化を決して許してはくれない冷酷なアイテムだからです。体重は増えていないのに体型が変わる、いわゆる肉付きの変化や肉のたるみがデニムには致命傷。ズバリ！デニムはボディラインが恐ろしいほどに浮き彫りになってしまうのです。

理想の体型に近いデニムを買って、似合う自分をキープする。それをきれいに穿き続けられるように自分を磨き、自分を律し、鍛えていくというのが私のモットーになりました。ときどき、デニムを穿いて自分のボディラインをチェックしましょう。

やせている人の常識

24

ストレスを溜め込んでいない

あなたは自分なりのストレスを解消する方法を知っていますか？ 日常生活の中でのストレスは誰しも抱えているもの。自分なりのストレス解消法、心のデトックス法を持つことが大切です。それはなぜか……ストレスを抱えると「太る」からです。

ストレスを感じると身体だけではなく心や脳にもストレスがかかります。脳がストレスを感じると脳の大脳辺縁系という部分が興奮し、「ドーパミン」というホルモンが多く分泌されます。ドーパミンは食欲を増長させる働きがあります。またストレスを感じることで「レプチン」の働きが鈍くなると満腹中枢の刺激ができなくなり満腹感を感じることができなくなってしまうのです。ストレスによって免疫力や抵抗力が低下し、腎臓や肝臓、甲状腺などの機能低下を引き起こしてしまうことも！ 腎臓・肝臓の機能が弱まると身体に水分を溜め、むくみや冷えを引き起こし、甲状腺の機能が弱まるとホルモンの分泌が乱れ、生理不順や代謝力の低下を引き起こしてしまいます。もちろん心と身体は繋がっていますので心もブスになってしまい、意地悪になったり、隣の芝生がよく見えたりし、卑屈になってしまいます。そうならないためにもストレスを溜めないことは大切。心のデトックスを行いましょう。

やせている人の常識 25

ボディクリームの正しい塗り方を知っている

ボディクリームの正しい塗り方、みなさんはご存知ですか？

ボディクリームオイルは、手のひらに取ってしっかり温めてから塗ることが基本です。そして塗るときに一番気を付けてもらいたいのが「末端から心臓に向かって塗る」ことなのです。せっかくならクリームやオイルを塗るその手の動きでリンパや血流を促進できた方が良いですよね。そのような塗り方をするだけで浸透も早くなります。

そして肌につけるものは口から体内に入れるもの同様、気を配りましょう。なるべくピュアなものを選び、化学物質を含むものは使用しないようにしています。なぜなら化学物質には生命力が一切存在しないからです。生命力が存在しないということはエネルギーが低いということです。自分で使うものも私のサロンで使用するオイルはエコサートの認証を得たオイルのみ。また、「経皮毒」がいかに恐ろしいかを知ってからは直接肌につけるものは口から入れるものと同様注意するようになりました。

※注／経皮毒…日常使われる製品を通じて、皮膚から有害性のある化学物質が吸収されること、とされている。

やせている人の常識

26 断捨離力がある

着られないお洋服をいつまでも取っておくのはやめましょう。「やせたら着たい！」「思い出のお洋服だから」……そういうお洋服がクローゼットの隅にありませんか？ その洋服、思い切って処分しましょう。「ちょっと高かったんだよな〜」と処分するには躊躇《ちゅうちょ》するものは大事な人に譲ってはいかがですか？ もしどうしても捨てられないお洋服はリフォームして今すぐ着られるようにしてください。クローゼットには今着たいもの、着れるものだけにしましょう。どうしてかというと着られなくなったお洋服を処分するだけで「気持ちを前向きにすることができる」「考え方を変えることができる」「ダイエットのモチベーションを上げることができる」から。クローゼットの断捨離は思考を変える必要があるので、ダイエットスイッチをオンにするのに近いからです。ダイエットに成功したら新しいお洋服が絶対に欲しくなります。

昔、着ていた洋服を着られるようになるためのダイエットだったらもうとっくに成功しているはず。ですから、着られなくなったものは潔く処分しちゃいましょう。バッグの中の荷物の整理と一緒にクローゼットの中も整理しましょう。クローゼットをシンプルに、整理整頓して「ダイエットスイッチ」をONにしましょう。

やせている人の常識 27

自然の乳液で美を作っている

顔もボディも洗い過ぎは禁物です。肌をきれいに清潔に保つためには必要なことですが、洗い過ぎはかえって肌に良くないのです。特に夜のお風呂での洗顔、ボディ洗いは大切です。なぜなら、寝ている間に毛穴から自然の乳液がたっぷり分泌されるため、分泌を損なわないために毛穴をきれいにしておくことが大切だからです。顔のボディも一枚皮ですから同じように手入れをしましょう。石鹸は天然のものを使うことをオススメします。よく泡立て、円を描くように手のひらでていねいに洗います。

そして大事なのが、よく洗い流すこと。顔もボディもとにかく優しく洗い、よく洗い流すというのが鉄則です。特に寝ている間、皮膚表面を保護するための自然の美肌メカニズムがあります。水分や皮脂を分泌し、人間は自分の身体から天然の乳液を作り出し、皮膚表面のうるおいやツヤを保つようにできているのです。そのメカニズムを最大限に引き出しましょう。私は身体のデトックスが習慣になってから朝洗顔をすることがなくなりました。かえって朝洗顔をすると化粧ノリが悪くなり、カサカサしてしまうほどです。

やせている人の常識 28

「私」へ興味を密かに、でも強く持ち続けている

美しい女性とはしなやかで艶があり、凛としたオーラがあり、また温かく優しいオーラがあること。雰囲気や存在感が放つ女性が魅力的だと私は思います。そんな力を持つには自分自身に興味を持ち、自分の中に変化や革命を起こし続けることが大切。

女性は女として、娘として、妻として、母として……など、立場を役割を理解し臨機応変に自分の立ち位置を変えることができるような訓練が必要だと思います。これは私が20代の頃、ある人に教わったこと。

このような訓練が自然にできるようになると自分の立ち位置や今、自分がしなくてはいけないことが見えてくるのです。そんな思いを持ち続けた結果、私は自分自身への興味を持ち続けることができ、美しさの元になる生活や気持ちに貪欲になれたのだと思います。

やせている人がみんなやっている1ヶ月でマイナス3kgの28の法則

no.02 美しい女ができていることリスト

これらができているのとできていないのとでは 10 年後大きな差が !!

CHECK 1

□

見た目力を高める努力をしている

全身のバランス学。トータルの美バランスをマスターすべく全身鏡を活用。ポイントメイクも顔全体を見ながら全体のバランス調整を。顔全体の次は全体のバランスを見よう。するとポイントメイクが顔全体全身になじみ、本来の美しさを引き出すことができます。

CHECK 2

□

いつでも脱げるカラダである

いつでも脱げる身体でいたい！ そう思って毎日のボディケアは欠かさない。今から驚くようなプロポーションを作ろうとするのではなく、身体が心地良くなるようなバランスを整えていく！ 毎日のケアでバランスが整えばスタイルも程良く整います。まずは毎日自分の身体に触れる時間を持つ習慣を持つことが大事なのです。

CHECK 3

□

自立している

自分の足で生きられる人になりたいと常に思って 30 代を過ごしてきました。年相応のことはきちんとでき、それでいて自分の足で自分の意思で立てる……そんな女性になりたいと思います。人は1人では生きられないけれど、自分しか信じるものがない。頼れるのは自分だけ……。色々な経験からそのように思うようになりました。自分の足で立つ。そして自分の足で生きる。ときには頼るここも甘えることも大事だけど最後は自分しかいない。そう考えたら自分の行動も責任を持てるはずです。

CHECK 4 □

素肌力が高い

肌を甘やかさない。いろいろ手を加えすぎると甘えグセがついてしまう。スパルタぐらいがちょうどいい。基本の「水分」と「油分」のバランスを整えることができれば素肌は輝く。洗い過ぎも問題です。外からつけるものばかりではなく内側からのケアも同時にしないと効果は半減します。

CHECK 5 □

過去を振り返らない！ でも過去を忘れない！

過去は自分の歩んできた道……これは変えることができない。そしてその過去があることで今の私が存在する。その過去のお陰で成長できたこともあり、学んだこともあったはず。振り返って懐かしんだり、考えたり、後悔するのではなく、自分のこれからに活かそう。私は太っていた頃の自分とダイエットに成功したときの自分。色々なことがあったけれど全て今の自分に生かすことができると思います。色々な経験をして成長するのですから今の自分が最高！と思えるように毎日を過ごしたいですね。

CHECK 6 □

「変わること」「変えること」を自由に楽しんでいる

年齢とともに「肌」「身体」「心」は徐々に固くなっていくもの。新しい自分を意識することで常に自分に刺激を与えよう！自分の変化に自分が一番先に気が付けるようになりましょう。よくお客様で変化を指摘すると「わからない」という方がいらっしゃいます。そういう方は普段から自分と向き合えていないのだと思います。女は自分が良い方向に変わることにもっと貪欲になるべきです。そのためには自分と向き合う時間を持つこと。毎日お風呂に入る前の数分でもメイクをする前の数分でも良いので、必ず向き合う時間を作りましょう。

3 day

「やせグセ」のつくオトナ女子の食べ方ルール

私のダイエットは食事制限は一切なし！ 食事制限よりももっと効果的なのは毎日の「食べやせルール」を習慣化すること。その方が体重もボディラインもキープしやすいのです。私はその「食べやせルール」のおかげで約20年体重キープ&スタイルキープすることができています。

rule 1

寝る3時間前になったら食べない

寝る3時間前は食べるものを絶対に口しない！ 最低でも2時間前には食べないというルールを必ず守りましょう。理由は3つ。

1、太る
2、胃腸への負担が増える
3、睡眠の質が落ちる

どれも私達女性にとっては大事なことですよね。もし残業などで食事が遅くなってしまったときには食べる量を腹7分目にし、消化に良い温かいスープだけにするなど、コントロールしましょう。炭水化物を抜くよりもバランス良く栄養を摂ることの方が「やせグセ」になります。そして飲みものはしょうがとはちみつを入れたホットミルク、ココア、炭酸水などがオススメ。これらにはリラックス効果、身体を温めてくれる効果、安眠効果があります。

寝る前には身体に優しく、眠っている間にリカバリー能力を高めてくれるような飲み物を摂りましょう。

和食ってすごいんです。普段何気なく食べていますが、本当に健康にも美容にも良い万能食！　和食のいいところは、一汁三菜にするだけで栄養のバランスが取りやすいというところ。

一汁三菜の一汁はお味噌汁がおすすめ。味噌は発酵食品ですので免疫力や消化能力を高めるために有効です。最低でも1日に2回は摂りたい食材。三菜はごはんを美味しく食べるためのおかず。1品はお魚やお肉の主菜、あとの2品は副菜で煮物や炒め物などが好ましいと思います。煮る・焼く・蒸すなどのシンプルな調理法により旬の素材そのままの美味しさを生かすことができるのも、三大栄養素である炭水化物・タンパク質・脂質がバランス良く摂れるのも和食ならではの特徴です。

食生活を一汁三菜という和食の基本に変えて行きましょう。日本人には和食が一番身体に合っていますので和食の一汁三菜を意識するだけで自然と「やせグセ」がつきます。

rule 2

和食中心の食事を心がける

rule 3

腹八分目を基本にする

私がダイエットに成功したのは食事制限ではなく、腹八分目（ときに腹七分目）にしたこと。食欲は私達の生命を維持するために不可欠な欲求のひとつでもあります。食べたいものを食べるということは身体が欲しているものを食べるということなので制限はしなくて良いと思います。

やせたいからと言って、「これはダメ」「これもカロリーオーバー」などと制限するとそれだけでストレスになります。ストレスを感じてしまうようなダイエットは長く続きません。だったら「食べたいものは食べる！　でも量を減らす」というスタイルにしたらいいと思いませんか？　1日の食事の中でも特に夕食は腹八分目に。私は腹八分目を基本にするために、お茶碗やお皿を変えました。お茶碗を変えて3日後には驚く変化がありました。目覚めが良く、身体が軽く、お腹が空いて目がさめるようになったのです！この経験をしてからこれは絶対に健康にも美容にもいいと実感しました。

私は具だくさんのスープが大好きです。お味噌汁もいつも具だくさん。

また、お味噌汁の他に週に2回は根菜類をたくさん入れてしっかり煮込んだデトックススープを作ります。作り方はカンタン。冷蔵庫にあるお野菜をどんどん入れてコトコト煮込むだけ。入れるお野菜は大根、にんじん、玉ねぎ、きのこ類、セロリ、キャベツや白菜……特に根菜類は身体を温めてくれるのでたくさん入れてOK！ そして味付けはいたってシンプルです。

鰹、昆布で出汁を取り、化学調味料は使用せず、塩コショウのみ。このデトックススープの良いところはお野菜をふんだんに食べることができることです。私は、ここにもち麦を具として入れたり、そうめんを入れて1食分にします。プラスαとしてにんにくを入れるとデトックス効果がアップ、しょうがを入れると身体を温める効果がアップしますのときどき加えてみてください。

rule 4

野菜たっぷりのスープで週2回のデトックス

rule 5

忙しくてもゆっくり食事を食べる

早食いは太ると言いますが、まさにその通り！　どんなに忙しくても食事をゆっくり食べる時間は確保したいものです。そしてゆっくり食べるルールを持ち、「やせグセ」を身体に定着させましょう。

理想の食事時間は20分～1時間。ではなぜ食事にかける時間が20分以上がいいかというと、満腹中枢が刺激されてから満腹感を感じるまでに約20分かかるからなのです。

ゆっくり食べることで満腹感を感じられるので食べ過ぎの予防になりますし、糖質の消化スピードをゆるめ、吸収されにくくすることもできます。食事をゆっくり食べる習慣がなくなっている現代人に便秘の人が多いのもそのせいかと思います。よく噛めば食材の味をしっかり感じることができ、消化を良くすることもできるため、便秘改善にもなるのです。ゆっくり食事をするということは＝よく噛むということにもつながります。すると顔の筋肉が刺激され、フェイスラインがシャープになります。

食物繊維を摂ることは腸内環境を良くし、便秘を解消すると思っている方が多いのですが、食物繊維の中でも「水溶性」(=水に溶ける食物繊維)であることが大切だと知っていますか?

毎日の食事で気軽に取り入れやすい水溶性の食物繊維はアボカド、オクラ、ごぼう、納豆、山芋、大麦やオーツ麦(グラノーラ)など。

「発酵食品」も同じく腸内環境を整えてくれ、消化も良くしてくれますので毎日必ず摂ることを心がけてみて。ヨーグルト、チーズ、漬物(特にぬか漬けがオススメ)、納豆などはもちろん、お醤油、お味噌、発酵バターなどの調味料にも含まれます。そう! 発酵食品は和食中心の食事だと取り入れやすいのです。

朝食にプラスしたいのはヨーグルト&フルーツ&はちみつ、昼食や夕食にプラスしたいのはお味噌&しめじやエリンギ、キムチ&納豆の組み合わせです。

rule 6

水溶性食物繊維・発酵食品を毎日摂る

rule 7

おデブの元「冷え」を食事で追い払う!

冷えはおデブの元。冷えると確実に太ります。

身体が冷えると、身体は本能的に身を守ろうと防衛本能の働きで脂肪を蓄積するようになります。動物の冬眠と同じ。彼らは寒い冬を越すために、冬になる前から栄養を蓄え、準備しますよね。身体が冷えると脂肪を蓄えようとするだけでなく、水分や脂肪が溜まりやすくなり、リンパや血液の循環も低下してしまうのです。

身体を温め、デトックスをするためにも生姜、ガーリック、玉ねぎ、根菜類をできるだけ摂取しましょう。この4つの食材を意識的に摂ることで体内をきれいにすることができます。特に生姜は身体を温める効果、抗酸化作用が高く、美肌効果、シワ防止効果もあります。ガーリックは胃液の分泌を促進、疲労回復にも効果があります。そして代謝アップには唐辛子、シナモン、コショウもオススメです。冷たい飲み物や身体を冷やす食べ物は避けて身体を温める工夫をしましょう!

「プロティン」というと筋トレのイメージが強いのですが、スポーツプロティンではなくたんぱく質を摂るという意味で、私は女性にも「プロティン」をオススメします。私も食事では足りないたんぱく質を効率良く摂るために「プロティン」を飲んでいます。

　健康的で美しいボディラインを作るためには良質なタンパク質が必要不可欠です。そしてたんぱく質は疲労回復にもとっても有効なのです。

　たんぱく質は私たち人間の生命を維持するために欠かすことのできない栄養素です。私達の肌も爪も髪も細胞もたんぱく質でできています。そのたんぱく質が不足するとどんなことが起こるかというと筋肉量が減り、代謝が落ちます。水分や血液の循環を正常に保つことができなくなり、身体に余分な水分や老廃物が溜まりやすくなります。さらに疲れやすくなり、皮膚の代謝が悪く、肌が荒れを起こしてしまう悪循環になってしまいます。

rule 8

プロティンで健康美人に

rule 9

朝食はマスト！

朝食を食べることで体内時計をリセットしましょう。朝、起きて日を浴びるというのも体内時計リセットになるのですが、一番実感しやすいのが「朝食を食べる体内リセット」だと私は思います。

体内時計とは「朝に目覚めて、昼は活動し、夜は眠る」という本来の生活リズムです。体内時計が正常に働くことで代謝が高まり、身体に蓄えられている脂肪や糖分がどんどん分解され、エネルギーとして効率良く燃焼されるようになります。朝食を食べないと太るというのは、人間にはこのようなメカニズムがあるからです。そして朝食を食べないと脳にエネルギーとなるブドウ糖が行き渡らず、思考能力も行動力も低下します。そう！朝食を食べる人は食べない人に比べ、ポジティブ思考なのです。

作る時間がない！お腹が空かない！　なんて人はグラノーラ＆ヨーグルト＆フルーツだけで良いので少しずつ朝食を食べる習慣をつけましょう！

「食べヤセ」のルールの基本は自炊ですが、外食をするときには、食べる量を自分でコントロールしましょう。私は自分の量をあらかじめ決めています。そして外食するときには「私は少食なんです！」とアピールしてから行くようにしています(笑)。私は小さい頃、母から作ってくれた人への感謝を示すために「残さず食べる」「残すとお行儀が悪い」としつけられました。でも、実際は外食の1人前は通常の1人前より量が多いので、食べる量をコントロールしないと確実に太ってしまいます。コントロールするためには自分の手を目安にし、ごはんやパン、麺類などの主食は自分のこぶし1個分が適量と心得て。またお肉やお魚、乳製品、お豆腐などは自分の手のひらと手の厚み分が適量、食物繊維の多いお野菜は両手で山盛り食べましょう。そしてもうひとつのポイントは、外食時は楽しく、笑って食事をすること。そうすることにより脳内のやせホルモン(セレトニン)が分泌され、少量で満足感が得られます。

rure 10

外食の食べる量を自分で決める

no.03

ファッションを楽しもう

ダイエットに成功したら、やっぱりおしゃれを楽しみたいですよね！

Have fun with Fashion!

TPOに合わせたファッションを

服は時と場合によっては社会的なものや礼儀を表すもの。いざというときにそれなりにきちんとできるが社会人としてのマナーです。TPOを理解し、スマートな女性になりましょう。そのためにはワードローブはもちろん、身のこなしも大切です。T：TIME、P：PLACE、O：OCCASION。私が海外に行ったときに素敵だなと思ったのが、男性は白いシャツにパンツスタイル、女性はワンピースにシャネルのバッグを持って食事をしていた方々。

ホテルで食事をするときドレスコードがあることがありますが、そのホテルは特にドレスコードはありませんでした。でもその男女6人は皆がきちんとした服装で特別なDINNER感が出ていました。リゾートホテルでしたがDINNERを楽しみそしてお店の品格を落とさないためにもドレスアップして食事をすることを学びました。TPOを考え、ドレスアップをして食事を楽しむ。そういう日を1ヶ月に1回でも半年に1回でも作って日々の自分へのご褒美にするのもいいと思います。

自分の気持ちを上げてくれるアイテムを持とう

私にとっては下着。ランジェリーは自分だけの贅沢！10代後半からランジェリーに目覚め、ランジェリーをきれいに着こなせるボディの研究をしていました。繊細なレースや機能性を備えたランジェリー、身にまとうだけで心が踊ります。

そんな自分の気持ちを上げてくれるアイテムを持ちましょう！そしてそのアイテムのために自分が頑張られる！そういうパワーアイテムがあるのとないのとではモチベーションが違います。ランジェリー以外だとハイヒール。これも自分に緊張感を与えてくれるアイテムのひとつです。シルクのブラウスやジャストフィットなタイトスカートなど、緊張感を与えてくれるアイテムを探してみましょう。

一生ものを増やす！

一生もの。一生使えるものを買うことで、ものを大事にする。私は数年前、大好きなバッグを断捨離し、一生ものだけにしました。それからバッグの衝動買いが減りました。そして一生ものを増やしたいと思うようになりました。洋服はなかなか一生ものって難しいかもしれないけれど……大事にメンテナンスして長く着れることを考えるようになり、ものを大事にすることとメンテナンス方法を学びました。ものを大事にすることはとても大事。そういう気持ちが芽生えると自分の身体も一生ものなんだからメンテナンスするようになる。自分の大事なものをメンテナンスするようになると、自然に自分の身体もメンテナンスするようになるのです。

「洋服」の寿命は メンテナンスで決まる！

洋服のメンテナンスはどのようにしていますか？ ダイエットをする女性の大半が「着たいお洋服をきれいに着たい！ 着こなしたい！」という願望があるはず。ダイエットして着たいお洋服が着れるようになったら今度はメンテナンス方法を覚えましょう！

自分の足に合った靴を選ぼう

靴が大好きな私！ 脚のパーツモデルをしているときに自分の足の形に合った靴選びを学びました。自分の足にぴったりの靴は歩きやすいだけでなく、健康や美容にもいいことがたくさん！人間の足は、親指・小指の付け根、かかとの3点のアーチでバランスを取るようにできています。足裏全体がついてしまう靴は体重移動がスムーズではなくなってしまい、足の変形や疲労を招いてしまうのです。そして自分の足にぴったりの靴は足裏が地面にぴったり押し付けられ、足裏の筋肉がしっかり働き、太もも後ろの筋肉をしっかり使えるので脚やせ効果もあります。靴の選び方を知り、ハイヒールでもかっこよく歩けるようになりたいものです。

靴の手入れができない人は おしゃれをする資格なし！

靴のケアをきちんとしていない方が最近多いように感じます。

歩き方のクセで外側がすり減った靴を履いている方、革靴を磨いていない方、ヒールの皮がめくれているのに履いている方、ヒールの釘が出ているのに履き続けている方……そういう方はおしゃれをする資格がないと思います。おしゃれ云々より身体もガタガタになっているに違いないと思います。履きすぎてヒールがボロボロになっているだけではなく、身体の重心が悪くなっているから余計にヒールの寿命を短くしているように感じます。

「おしゃれは足元から」「女性にとって靴は女性の体の一部」。靴の手入れをするようになると意識が変わり、自分の足をケアと靴の手入れがセットになるはず！

下着のラインは 見られている

お洋服の上から下着のラインがくっきり見えるのは品のない姿ですから極力避けたい……。

私が十代の頃、表参道のカフェでとてもスタイルが良い素敵な女性がいて、素敵！ と思った瞬間、彼女がテーブルの下に落ちたものを拾おうとして屈んだら下着のラインがくっきり……ということがありました。

そのときに女性は細かいところ、特にバックスタイルに気をつけなくてはいけない！ と学びました。それからはアウターにひびかないような下着を意識的に選ぶようになりました。

日常生活の
ちょっとした行動で
「やせグセ」をつける！

ついに折り返しの４日目！ 今日は日常生活のおハナシです。ちょっとしたことでも効果的に「やせグセ」をつける方法が普段の生活の中にはいっぱい！ それは私が脚のパーツモデルをしていたときに学び、身に付けたこと。毎日意識的に取り入れるだけで身体のバランスが整い、やせることができます。

day 4

マスターするだけで
みるみる「やせグセ」がつく
習慣

座り方

毎日あなたは何時間座っていますか？　食事をするとき、仕事中、電車や車での移動中など結構座る時間が多いはず。その時間を有効に使って「やせグセ」をつけましょう！

座る姿勢を変えるだけでお腹が凹み、美しいボディラインになります。大切なのは腰や骨盤の向きです。座っているときに猫背になっている人の大半は腰や骨盤が前に滑って、傾いています。

まずはポイントでもある骨盤を立てるコツをマスターしましょう。

脚の付け根に上半身を乗せるようなイメージで座り、背骨を上に引き上げるようにします。そうすると自然に上半身の筋肉がバランス良く使うことができ骨盤も自然に立てることができます。そして「脚やせ」には脚の位置や向きなども重要です。足先までを意識し、両膝をくっつけ、脚を揃えてみましょう。意識的に膝をくっつけることになるため内腿の筋肉を刺激でき、太ももが細くなります。

また脚を揃えて斜めにすると足首から足の裏を伸ばすことができ、見た目も美しく座ることができます。毎日の座り方を意識するだけでも身体は変わるのです。

〈正しい座り方〉

1. まず頭と肩、かかとが一直線になるように立ち、椅子に向かって腰をおろします。

↓

2. 腰をおろしたら脚の付け根に上半身を乗せるようなイメージで骨盤を立てるように座ります。

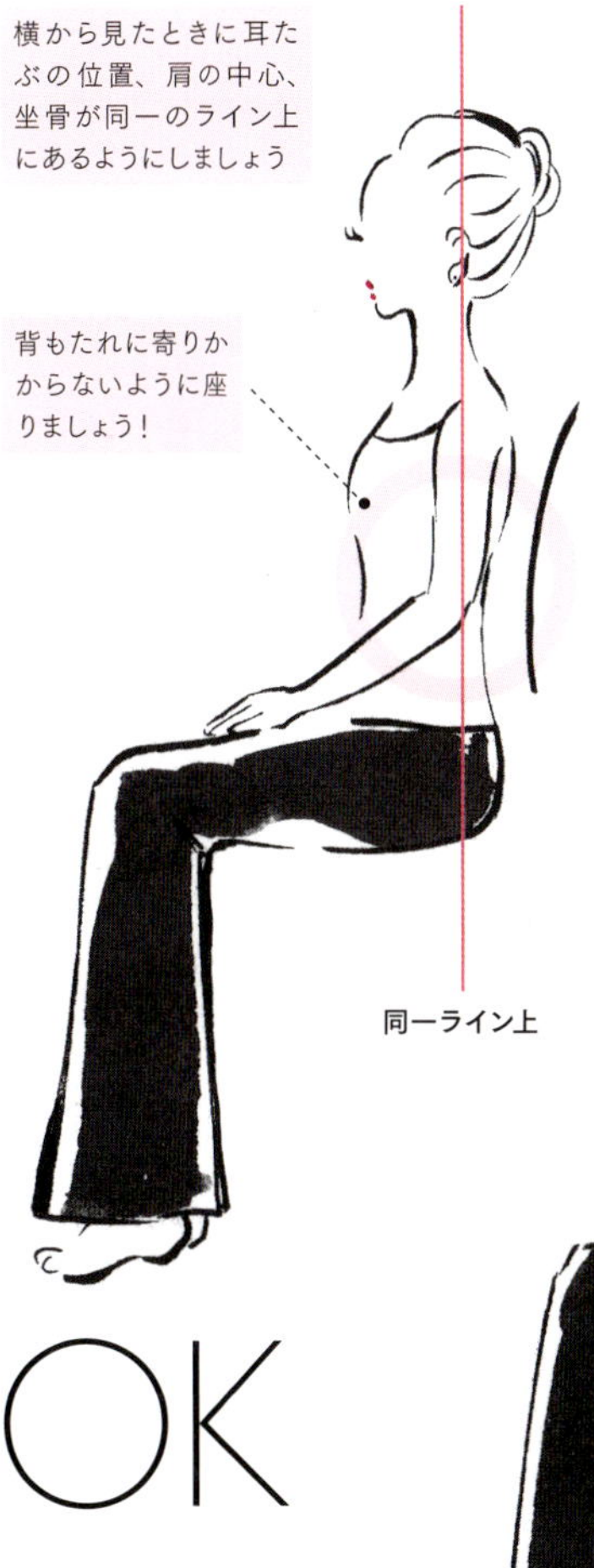

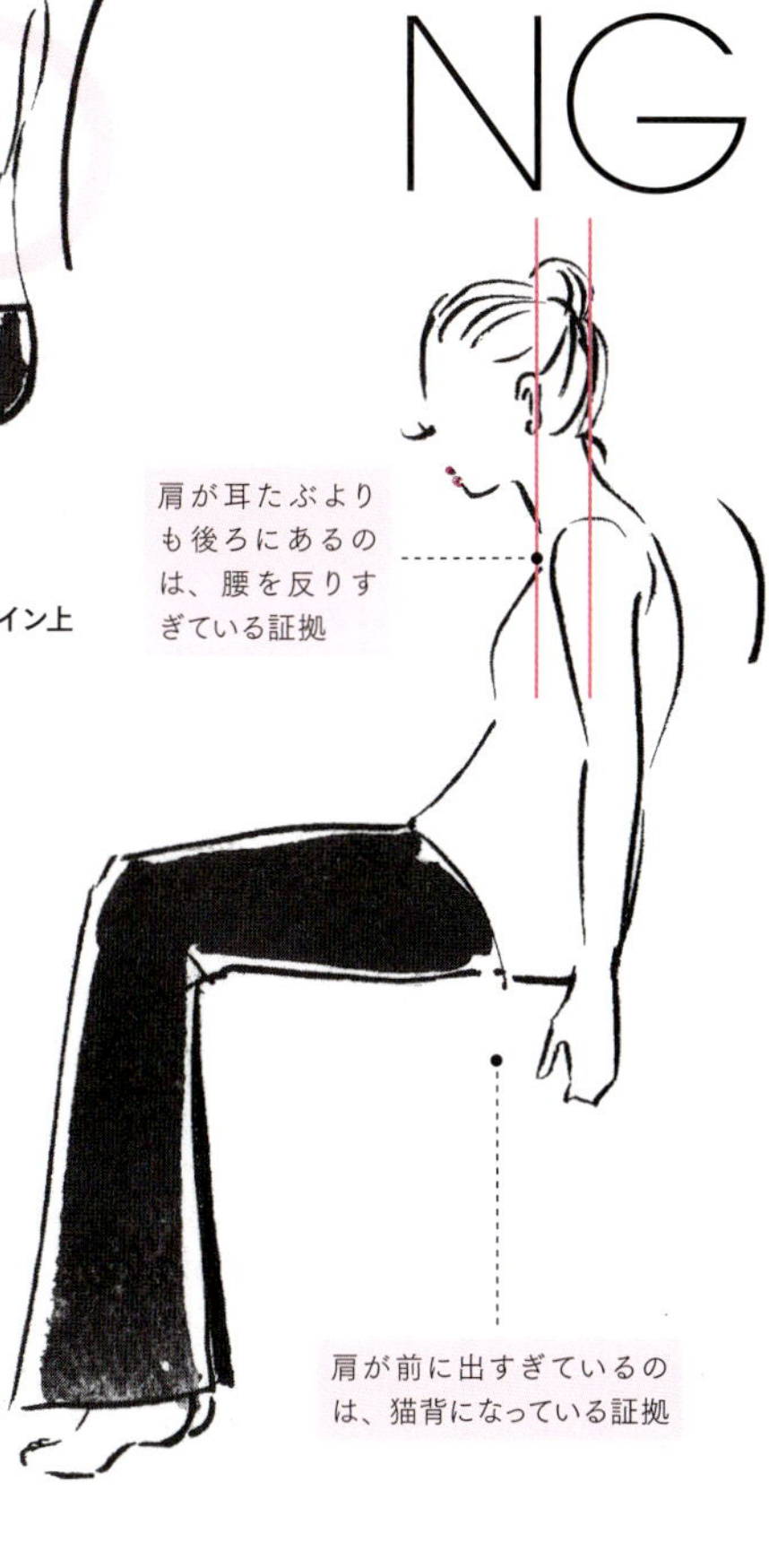

マスターするだけで
みるみる「やせグセ」がつく
習慣

立ち方

正しい立ち方の基本は「姿勢」です。正しい姿勢で立つことができるようになると自然に「やせグセ」がつき、出るところは出て、凹むところは凹むメリハリのあるボディになります。そして歪みの少ない身体になり、内臓も定位置におさまり正常に働くようになります。…と言っても正しい姿勢をマスターするのは難しいですよね。

まずは壁を使って、正しい姿勢を自分の身体に教え込みましょう！後頭部、肩甲骨、お尻、かかとが壁に付くように立ってみましょう。そのときのポイントはあごを引き、左右の肩甲骨をくっつけるようにしながら胸を張り、胃を持ち上げるようなイメージです。正しい姿勢が取れるようになると、横から見て耳、肩、ひじ、くるぶしが一直線になります。

では正しい姿勢かどうかチェックする方法を紹介します。まっすぐ立った状態で足元をチラッと見てください。足の指も見え、足の甲もよく見える↓OK、足の指がほとんど見えない↓NG。NGの場合は自分の足の甲が見えるところまで腰を引きましょう。正しい姿勢で立つことができると、足の裏で地面を捉え、重心はかかと寄りになります。正しい姿勢で立つことができると腰痛予防にもなり、自然と自信に満ちて、若々しく見えます。

あごを引く
頭のてっぺんから吊られたようにあごは水平が理想

おへその下に力を入れてみぞおちを上に引き上げる

お腹を凹ませて骨盤を立てる

POINT
できるだけ脚の隙間なく揃うのが理想

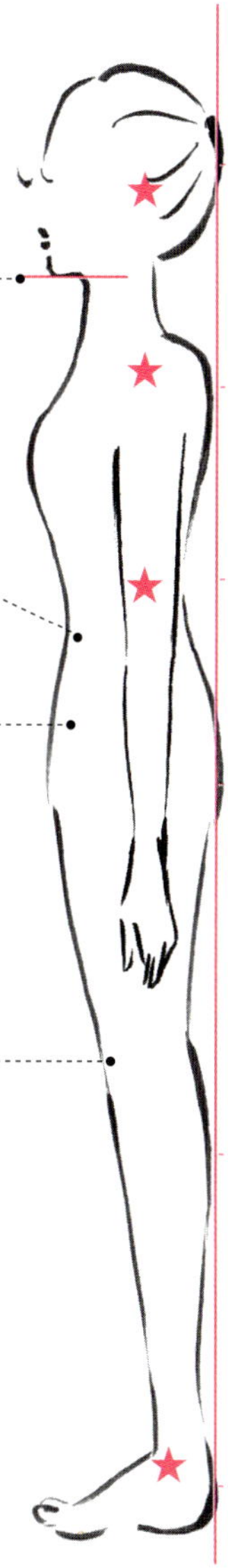

後頭部
後頭部の真ん中を壁に付ける

肩甲骨
両肩・両肩甲骨を壁に付ける

背中・腰
反りすぎないように壁との間に少し隙間ができている

ヒップ
ヒップの真ん中を壁に付ける

ふくらはぎ
ふくらはぎの真ん中が壁につくのが理想的

かかと
両足を揃えてかかとをしっかり壁に付ける

〈正しい姿勢〉

耳・肩・ひじ・くるぶしが横から見て一直線になる！

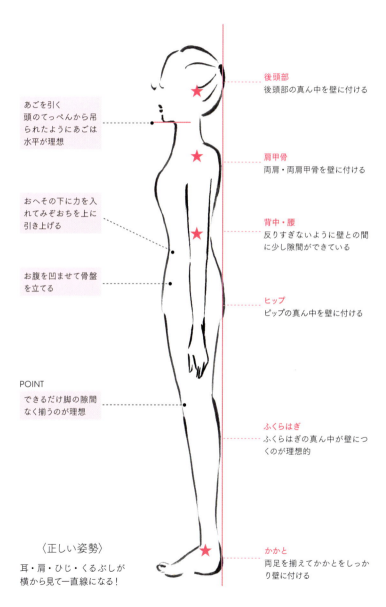

マスターするだけで
みるみる「やせグセ」がつく
習慣

歩き方

私は脚のパーツモデルをしている頃に幾度となくウォーキングレッスンを受けていました。正しい歩き方で歩くことができるようになると脚のラインがきれいになるんです。私の父がミスインターナショナル世界大会の企画・運営をしていた頃にも、歩き方がきれいな女性は脚のラインがバランス良く整っているとよく言っていました。今になってわかるのは、正しい姿勢で歩くことで脚の筋肉をまんべんなく使うことができるため、脚のメリハリができ、きれいなラインになるということです。

歩くときの目線はやや上の方へ、そして胸を張り、胃を持ち上げるようにし、脚の付け根から一歩を踏み出すこと。スニーカーなどで歩く場合はかかとから着地↓足の裏の外側↓親指の付け根というように重心移動をさせます。もしパンプスで歩く場合は、つま先とかかとが同時に地面に着地するように意識します。そのとき膝を伸ばし、曲げないで歩きましょう。

靴の種類に関係なく、正しい歩き方を意識すると脚全体の筋肉を自然に使えるようになるのがわかると思います。特にパンプスで意識的に歩くとふくらはぎや太ももの筋肉や足の裏の筋肉（足底筋）が使われていることを意識できるはず。足底筋が鍛えられると身体のバランスが良くなります。

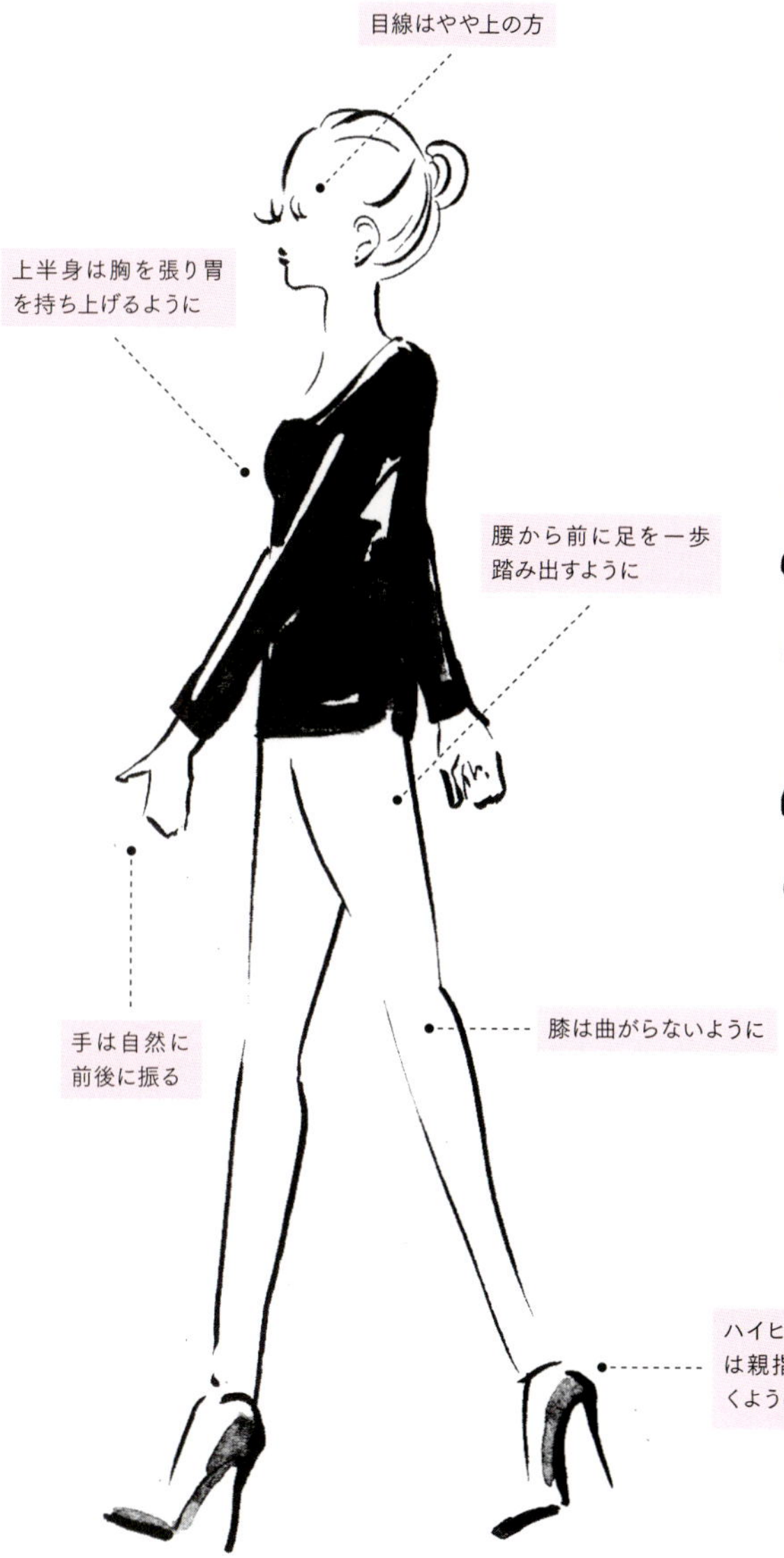
目線はやや上の方
上半身は胸を張り胃を持ち上げるように
腰から前に足を一歩踏み出すように
手は自然に前後に振る
膝は曲がらないように
ハイヒールで歩くときは親指側に重心を置くように意識する

〈正しい重心移動〉

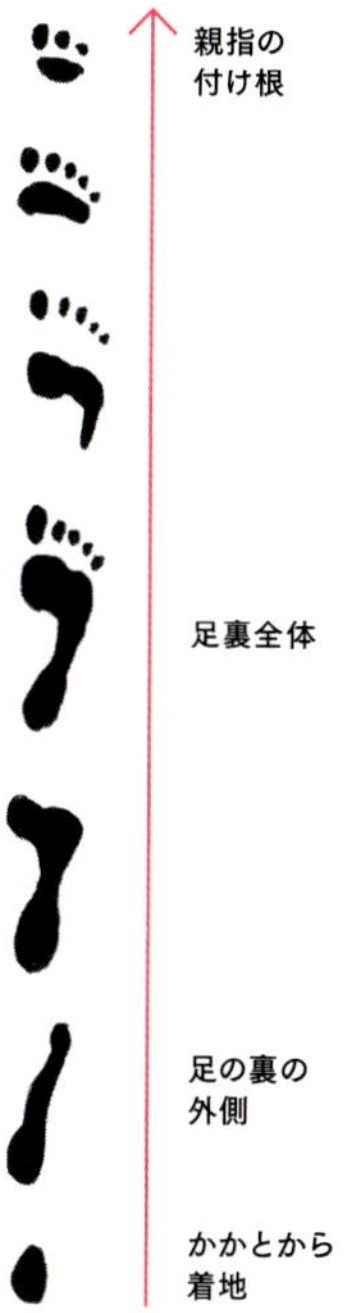
親指の付け根
足裏全体
足の裏の外側
かかとから着地

マスターするだけで
みるみる「やせグセ」がつく
習慣

話し方

素敵な大人の女性であるための要素のひとつとして大切なのが「話し方」です。私は接客業をしているので、大人としてきちんとした言葉を話せるかどうかはとても重要だと感じます。正しい話し方は素敵な大人の女性であるための要素だけではなく、表情豊かな美しい女性になるためにも必要なことなのです。また「話し方」と「顔のゆがみ・たるみ」の関係性も気になります。口をモゴモゴさせて話をする人の多くが年齢に関係なく、顔がゆがみ、たるんでいるように思います。その原因は滑舌の悪さにあります。滑舌を良くするためには舌の筋肉をトレーニングがオススメです。「レ」と「ロ」を舌の付け根から動かし、繰り返し発音しましょう。すると唾液の分泌が高まり、口のまわりの筋肉が刺激されていることを実感できると思います。

そしてもうひとつ、少し大げさに「あ・い・う・え・お」と口をしっかり動かしてみてください。すると口の周りはもちろん、頬の周りの筋肉が動いていることを感じると思います。それらの筋肉が刺激されると連動して、顔にある全ての筋肉、表情筋も動いてくれます。

マッサージをすることも大事なのですが、日々何気なく行っていることに目を向けてみるときれいになるためのコツやポイントが隠れています。

[a]

[e]

[i]

[o]

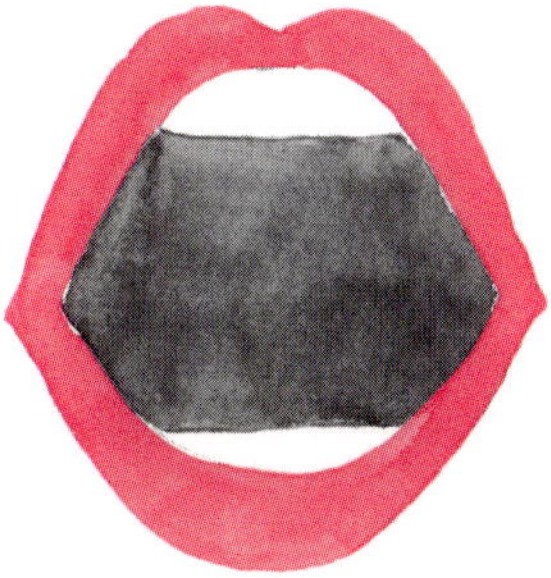

[u]

マスターするだけで
みるみる「やせグセ」がつく
習慣

食べ方

これからは「食べてやせる」時代。ダイエットすると決めると食事を減らすという人が多いのですが、健康的に女性らしいメリハリボディにならなければやせる意味がありません。正しい食べ方で食事の制限をせずに「やせグセ」をつけましょう。食事は楽しく、身体の声に耳を傾け、身体が欲しているものを食べる！ というのが私の長年の研究で結論づけた一番の「やせグセ」です。ガマンしてもいいことはないので食べたいときに食べたいものを食べましょう。食べたいものを我慢してストレスを感じるよりも食べることで楽しく、話をしながら食べることで満腹感を得られやすいので食事は1人より2人以上で食べるようにしています。

ルール1 **野菜は毎食摂る：**サラダだけではなく、温野菜やスープ、炒めものなどで意識的に食べるようにしましょう。

ルール2 **良質な油を摂る：**油分カットをするよりも良質なオイルを使って、素材の味を楽しむようにしましょう。

ルール3 **発酵食品を食べる：**発酵食品は腸内環境を整えてくれる優れもの。納豆やお味噌汁、ぬか漬け、キムチ、ヨーグルトなどを積極的に食べましょう。

ルール4 **腹八分目で満足する気持ちを持つ：**食事は腹八分目を基本にし、マイルールにしましょう。

そうすることにより「やせグセ」がつくだけでなく、健康になります。

野菜は毎食摂る

サラダ（生野菜）は温野菜に比べて、消化吸収に時間がかかるので、胃腸が疲れているときや弱っているときに食べ過ぎると胃腸に負担をかけてしまうので要注意。

良質な油を摂る

「ダイエットには脂が大敵」だと思っていませんか？ 良質なオイルは代謝を促す効果があるため、体脂肪が落ちやすい身体を作ってくれるのです。脂を取らないと肌や髪も乾燥でカサカサになってしまう可能性も。

発酵食品を食べる

食べ物からとり入れた菌は数日で体外へ排出されるため、腸内環境を正常に保つためには、日々こまめにとり入れることが大切です。

腹八分目で満足する気持ちを持つ

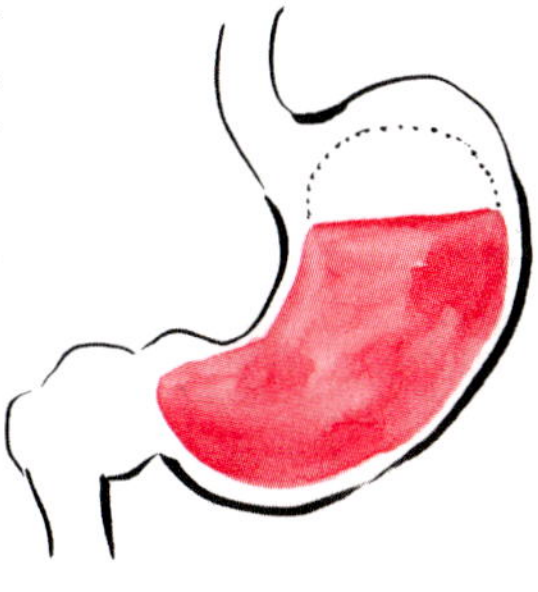

食事は腹八分目をマイルールにしましょう。食事の一番初めに、お味噌汁や温かいスープなどを飲むと胃を落ち着かせる効果があり、満腹感を得やすくなります。

マスターするだけで
みるみる「やせグセ」がつく
習慣

眠り方

6〜8時間の睡眠時間と良質な睡眠で「やせグセ」がつくことをご存知ですか？　睡眠不足や睡眠の質が悪いと脂肪が蓄積しやすくなり、おデブグセがついてしまいます。

私達の身体の中では様々なホルモンが分泌されていますが、睡眠中にしか分泌されない「成長ホルモン」があります。「成長ホルモン」は余分な脂肪を分解してくれ、代謝をアップさせてくれます。そして食べたものを効率よく消費されるように働きかけてくれるのです。質の良い睡眠を取ることも「成長ホルモン」の分泌をためにとても必要なことなのです。

良質な睡眠を取るために私が毎日行っているのは、寝る前にしっかり身体を温めること。そしてリラックスできる空間を作ることです。部屋を暗くして、足先のマッサージをし、呼吸を整えながらお腹のマッサージをして血流促進を心がけます。好きな香りで癒すというのもオススメ。リラックスできると自然に副交感神経が優位になります。そうするとより「成長ホルモン」が分泌されやすくなるので自然とやせやすい身体になっていくのです。無理な食事制限や運動をしなくても良質な睡眠とリラックスタイムで自律神経のバランスを整えるだけで「やせグセ」につながるのです。

9
3
6

マスターするだけで
みるみる「やせグセ」がつく
習慣

持ち方

荷物の持ち方が悪いと太りやすくなるんです。

バッグの持ち方で身体が歪み、体型が変わるのです。バッグを持つ手がいつも同じという方、多いですよね。バッグの持ち方のクセで肩や首、骨盤のゆがみを引き起こしてしまうのです。

私は、身体の歪みを最小限にするために荷物は少なくするようにしています。そして荷物が重くならないように注意しています。もし重たくなってしまう場合は1つのバッグにまとめるのではなく、2つに分けるようにしています。そのようにすると重さが分散できるので身体への負担を減らすことができます。

あとは持ち方です。同じ方の肩ばかりにかけて持つというのはたいていの場合は持ちグセだと思いますが、意識的に持ち替えてみてください。バッグを同じ肩、手にばかり持っていると、肩の高さが左右にズレが生じ、背骨がゆがみ、猫背になり、骨盤が歪んでしまいます。そしてウエストラインも崩れ、ひざや足首にもずれ、歪みが生じてしまうのです。身体は繋がっているので1箇所が歪めばすべてに悪影響が出てしまい、リンパの流れや血液の流れが滞り、むくみ、全身がおデブになりやすくなってしまうのです。

NG

OK

あなたのダイエットを阻む 15 の真実
あなたのダイエットをの真実

エスカレーターと階段の使い方

荷物の重さや履いている靴のヒールの高さで「エスカレーター」or「階段」をどちらを使うかを決めましょう。

私のルールは荷物が重い日は「エスカレーター」を使ってもＯＫ、荷物が軽いときには「階段」を使う！というもの。

「階段」を登るときにはかかと部分は浮かせて、つま先だけでリズミカルに登ります。登る方の足に重心をかけるように真上に身体を引き上げるようにし、階段を上がります。そして「階段」を降りるときには先に下ろす足の膝を伸ばし、つま先から下ろします。残りの後ろの脚は、徐々にかかとからつま先へ重心を移動させ、下ろした足に全体重が乗りきってから、後ろ足を前に出します。階段を登るときも下りるときも身体が前のめりにならないように注意しましょう。

「エスカレーター」を使うときにはただ立っているだけではなく、姿勢を正すことが重要。そして腹筋に意識し、呼吸を一定に保ち、ゆっくり鼻から吸い、口からゆっくり吐きましょう。荷物が重いのにダイエットになるからと言って「階段」を使うのは身体の歪みを生じさせ、逆効果。新陳代謝をダウンさせてしまうのでやめましょう。

no.04

バスタイムの過ごし方

バスタイムを制するものは美を制すると言っても過言ではありません！

1/9

ブラッシングで美髪に

ブラッシングをすることで髪の毛や頭皮についた汚れや皮脂を落としやすくなるためシャンプーの量が減ります。そして余分な皮脂だけを洗い流してくれるので髪の毛の乾燥を防いでくれます。毛先からとかし、引っかかりがなくなったら根本から毛先に向かってブラッシングしましょう！ このブラッシングをすることで顔のたるみも防止できるのです。

2/9

身体を芯から温める

バスソルトを入れたバスタブに入り、身体をしっかりと温めます。お湯に浸かりながら呼吸を整えます。新鮮な酸素を細胞に送るようなイメージです。約10分浸かると毛穴が開き、汚れが浮き出るのでゴシゴシ洗う必要がなくなります。浮力により、関節や筋肉の緊張がほぐれやすくなります。

3/9

バスタブの中で足首と足の指をリリース

バスタブの中で足首まわしをし、足の指をリリースしましょう。足の指の付け根をしっかりつまみ、広げ、マッサージしましょう。足の指は身体のバランス感覚を改善してくれ、足に余分な脂肪や筋肉がつきにくくなります。水圧の効果で筋肉がほぐれやすくなっているため、硬くなった足首もゆるめやすくなっています。

4/9

バスタブでストレッチ

ひざを曲げて座り、右のひざの下で両手を組みます。そのままひざが曲がらないようにゆっくり水面から出して5～8秒キープしましょう。今度は上半身のストレッチ。ひざを曲げて座り、上半身を右横にひねり、両手でバスタブの側面をタッチし10秒キープします。このストレッチで脚全体の後ろを効率的に伸ばしリンパの流れを促進でき、上半身のひねりによって腹部にあるリンパと静脈も刺激できます。

5/9

シャンプーと頭皮タッピング＆小顔リンパマッサージ

シャンプーをするときには指の腹で頭皮をジグザグ動かし、マッサージしながら洗います。しっかり洗い流したら、トリートメントしながら頭皮をタッピング！頭皮を刺激し、血行が良くなったら指の腹で生え際から後頭部にかけてリフティングしましょう。小顔効果がアップします。

6/9

違いが出る、デコルテマッサージ

顔を洗うついでにデコルテマッサージをしましょう。年齢が出やすい首は毎日バスタイムのケアで断然違いが出ます！ オイルを少量つけ、手のひら全体を使いのどから胸元までなで下ろします。首の左右、後ろも手のひらを密着させるようにしっかりケアしましょう。首のシワ防止にもなるうえ、小顔効果も大。

7/9

泡＋スクラブでピカピカ肌磨き

身体を洗いながらワンランクアップの美肌を育てましょう！ スクラブと泡で優しく円を描くようにマッサージをします。足先からかかと、ひざ、ヒップ、ウエスト、アンダーバスト、脇の下、肩の順に行うのが効果的。角質を落とすことで肌の表面がツルツルになり、肌のキメが整い、色素沈着も薄くすることができます。

8/9

脚のむくみを取るマッサージ＆ストレッチ

バスチェアやバスタブに片足を乗せ、ひざに上半身をつけるようにおじぎをします。乗せた方の内ももとヒップをストレッチすると同時に下ろしている足の後ろ面をしっかり伸ばすことができます。手に少量のオイルをつけ、曲げた方の脚を両手で包み込むようにし、足首から足の付け根まで揉み上げます。これでむくみのないすらっとした美脚が手に入ります。

9/9

ウエストラインを整えるマッサージ

お腹にはリンパと太い静脈がありますので身体が温まっているときにマッサージをするとデトックス効果がアップします。ウエストの一番くびれている部分をしっかりつまみ、脇腹の筋肉を柔らかくします。その後、腰骨の周りを刺激しながら、脚の付け根までしっかり押しながらスライドさせます。脚の付け根にも大きなリンパ節があるため、よりデトックスできます。

POINT
20分以上の入浴は肌が乾燥しやすくなってしまいます。お風呂上がりには即座に化粧水を！

5 day

「やせグセ」をさらに加速させてくれる優秀アイテム

私が長年愛用している自分磨きアイテムを紹介します。ボディラインを維持できているのはこのアイテム達のおかげ！ 中・外からのケアで美しく、そして健康を維持することができます。ダイエット中のモチベーションを上げるためにも新しいアイテムを取り入れてみてください。

タリアのバスソルトとスクラブ

私が毎日のバスタイムに欠かせないのは「Ｔａｌｉａ〜タリア〜」のバスソルトとスクラブ。ミネラル豊富な死海の塩をたっぷり含んだバスソルト＆スクラブは出張時にも必ず持参するほど私のバスタイムマストアイテムなのです。バスソルトは「発汗作用」「美肌効果」「代謝アップ効果」「身体を温める効果」など女性には嬉しい効果がたくさん。

私はバスタブの中で本を読んだり、タブレットを持ち込んでライブを見たり、湯船でマッサージやストレッチをしたり……約20〜40分バスタイムを楽しみます。筋肉の緊張がほぐれ、リラックスできる至福のとき。

しっかり温まったら、身体を洗い、「スクラブ」で身体を磨き上げます。かかと、膝、ひじなどはもちろん下着が擦れる部分やくすみが気になる部分も優しくクルクルとマッサージするのが久流。色素沈着が気になる部分は毎日少しずつクルクル……バスソルトでデトックスをし、スクラブでつるつるボディに磨き上げましょう！

Talia~ タリア~　ピュア デッドシー バスソルト（100% 死海の塩）

クラランスのボディケアシリーズ

私が人生で初めて買ったボディケアグッズはクラランスのボディケアシリーズ。特に「マルチマス」と「アンティオー」は優秀アイテムで約20年間愛用しています。「マルチマス」はエステティシャンの手を再現したマッサージツール。「アンティオー」はむくみ取りに効果大のオイルです。「マルチマス」は赤いゴムヘラ部分で気になる部分をマッサージでき、ゴムヘラの角度によりハリを持たせたり、引き締めたりと目的別に使用します。そして上下にあるくぼみもフル活用し、アゴや二の腕などに当ててマッサージ。ツボ押しもできちゃう優れアイテムなのです「アンティオー」の香りは私にとって「戒めの香り」。……昔、ダイエット中に必死にマッサージをしていたときを思い出す香りなので、今でもこの香りに励まされています(笑)

ポイントはオイルを手に取りよく温めて、足首からお尻まで下から上に引き上げるようにマッサージすること。最後は冷水で引き締めれば、脚のむくみはスッキリ。

CLARINS マルチ マス／ボディ オイル " アンティ オー "

核酸とマヌカハニー

エネルギーが高く、タフで丈夫な女性＝免疫力の高い人。そのため、私は「核酸」と「マヌカハニー」を免疫と代謝アップのために8年間毎日欠かさず摂っています。

「核酸」はあまりよく知られていませんが全身の細胞を活性化させ、私達の身体を本来あるべき正常な状態への修復を促してくれる栄養素なのです。核酸を効率良く摂取すると新陳代謝アップ・血行促進・抗酸化作用・ダイエット・記憶力アップの効果が上げられます。

「マヌカハニー」は抗菌活性力が高く、ピロリ菌や大腸菌の除菌、整腸作用、がんの予防、免疫アップなどの効果があります。特に私は腸内環境を整え、免疫機能をアップのために食べていますが口内炎や切り傷、やけど、にきびの治療に使うこともできるんですよ！

ポーチの中には必ずマヌカハニーのサシェを入れ、持ち歩いています。私の元気の源はこれなのかもしれません。

TRANZALPINE オーガニックマヌカハニー ／ DN ∞／ ALL DAYS BASIC

オリジナルボディオイルと美水スペシャル

女性らしく柔らかな、触りたくなるモチモチな肌は「化粧水」と「ボディオイル」で作りましょう。

これは私が妊娠中にするようになった習慣。妊娠線予防のために水分と油分のバランスケアをしたのがきっかけです。23歳で妊娠した私は妊娠線予防に毎日化粧水とオイルをお腹にペタペタ&ぬりぬり……おかげで2回の出産を経験しましたが妊娠線が全くありません。

水分&油分のバランスケアは1日2回が理想的。お風呂上がりの濡れた肌にボディオイルを足首からサッと塗ります。お風呂上がりはタオルで軽く拭く程度でOK。そして朝起きて下着をつける前に全身に化粧水をつけ、ボディオイルを手のひらでしっかり温めて塗ります。化粧水はスプレータイプのものがオススメ。私は「財宝の美水」という化粧水を使用しています。スプレータイプでコスパも良いのでバシャバシャ使えます。使用期限があるのも安心！やる気アップにも繋がります。

財宝の美水スペシャル Aroma Pro Organics ×美・Conscious ボディオイル シェイピング（SH）

3D スーパーブレードS

毎日のマッサージとストレッチにプラスして行なっているのはいわゆる「ブルブルマシーン」。TVを見ながら、歯磨きをしながら、電話をしながらなど、~ながら運動ができるマシーンです。すきま時間にできるようにサロンにも自宅にも置いてあります。

リズミカルな振動が身体の奥までしっかり届くので余分な脂肪がブルブル……姿勢を意識すると腹筋をはじめ、体幹を鍛えることもできます。筋肉に刺激を与えることで筋肉が柔らかくなり、マッサージがしやすい身体になるのはとても嬉しいです。サロンではお客様がメンテナンス前後に15分乗る習慣も定着しつつあります(笑)。

ブルブル振動で血行が良くなり、またリンパの流れを促進できますので代謝アップでき、疲労回復にも役立ちます。そう! リズミカルな振動で腸の働きが良くなり便秘知らずになった方も! 私はブルブルマシンに乗るようになってからウエストのハミ肉が減りました。

DOCTOR AIR 3D スーパーブレードS

ストレッチグッズ

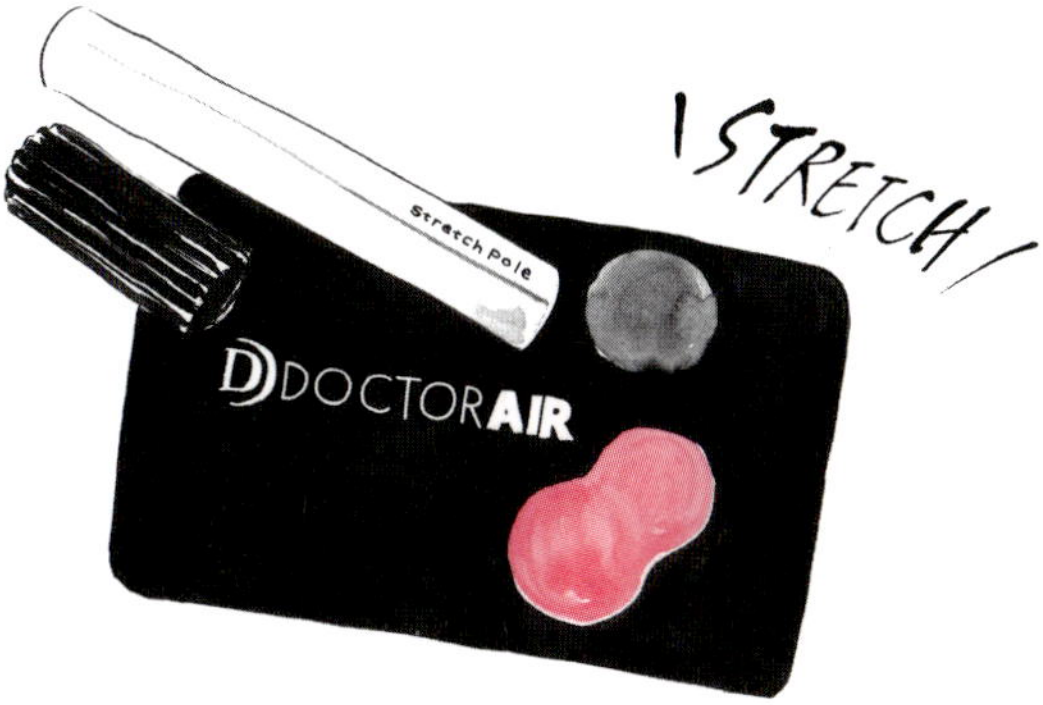

目につくところにわざとストレッチ用品を置く！　それが意識アップの秘訣！

私はいつも目につくところにストレッチポールなどのセルフトレーニンググッズを置いています。そうすることで意識的に自分の身体に目を向けさせることができるからです。

ストレッチポールやバランスボールなどを使い、背中を開くことで日常生活のクセをリセットし、身体の歪みを矯正することができます。そして身体全体を伸ばすことで、リンパや血液の流れもサポートできるのです。

背中を開くことができると自然にきれいな姿勢になり、同時に胸を開くことができるので深い呼吸ができるようになります。胸を開くことで免疫を司る「胸腺」への刺激もできるため免疫力も高めることができます。

ストレッチで正しい姿勢を保ち、体内の浄化や免疫力アップをしているのです。

Stretch Pole　ボディーボール・ソフトジム
DOCTOR AIR　YOGA MAT　DOCTOR AIR STRETCH ROLL

玄米と水でできたドリンク

まさに飲む点滴！　玄米と水でできた酵素ドリンク。私は腸内環境を整えるために飲み始めたのがきっかけで今では毎日1本必ず飲んでいます。

玄米はダイエットにも効果のある食材ですが、なかなか玄米を炊いて食べることはできないのでドリンクで摂取できるのは手軽で嬉しいです。玄米にはビタミン・ミネラル・食物繊維が豊富に含まれ、「完全食」と呼ばれる程、私達に必要な栄養素がたっぷり含まれているのです！

その玄米を手軽に摂れる「GENMY」ドリンク。しかも美味しい！　飲みにくさが全くありません。

玄米は基礎代謝をアップさせる効果もあり、食物繊維も多く含むため便秘解消の効果もあります。玄米の成分は私達の身体をデトックスし、やせ体質にしてくれるるだけでなく、くすんでシミが多かったお肌も潤い透明感のある美肌に導いてくれるんです。毎日飲むことで腸内からお肌もきれいになるとは一石二鳥です。

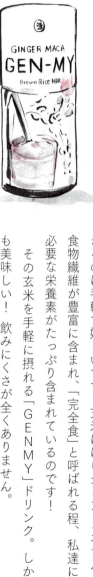

もち麦

はくばく もち麦

私のお客様である料理研究家の先生が教えてくれた「もち麦」レシピ。もち麦に含まれる食物繊維は水溶性食物繊維。水に溶けてネバネバになるので食べたものを包み込み、消化吸収を遅らせ、血糖値の上昇をゆるやかにしてくれます。健康にはもちろん、ダイエット効果もあります。

一般的には白米に混ぜて炊くことが多いですが、私の場合、おかずによって白米が食べたくなり、毎日食べることができませんでした。健康にも美容にも麦はいいのにと思っていた時に教わったレシピ。「この食べ方があった!!」と衝撃を受けました。

それは「ボイルドバァレー」、いわゆる「ゆで麦」トッピングです。サラダにトッピングしたり、スープの具にしたり、納豆にも混ぜます。作り方はカンタン。もち麦を20分ほど茹でてよく水切りするだけ。ジップロックに入れて常備して置くととても便利です。もち麦特有の甘みとプチプチ食感がクセになり、私はなんにでも入れてしまいます。

時短自炊グッズ
スペースパン

忙しくても自炊！　それが私のスタイルキープの秘訣。私が20年スタイルキープできているのは「マッサージ」と「ストレッチ」と「自炊」のおかげなのです。

食事のほとんどが和食なので栄養バランスも取りやすいんです。平日は仕事が終わるのが遅いので休みの日に保存食を作ることが多いのですが、時短で調理ができる「スペースパン」を購入してから揚げ物や焼き魚など熱々のおかずを1品増やすことができるようになりました。しかも魚焼きグリルで時短調理ができる優れものなのです。

ノンフライでトンカツやコロッケもできちゃうのも嬉しい！　素材の脂分だけで揚げることができます。そしてお魚も魚焼きグリルを汚さず、5〜6分で皮までパリパリに美味しく焼けるので、仕事終わってからでも焼き魚を食べようと思えるんです。

スペースパンのおかげで時短ができ、自炊がもっと楽になりました。

アサヒ軽金属 スペースパン

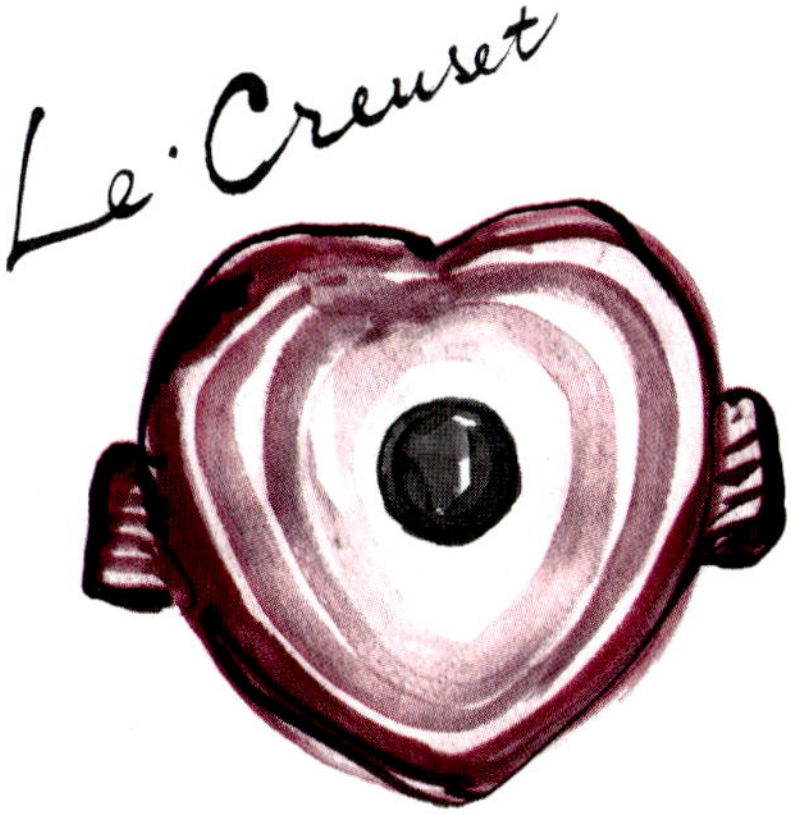

ル・クルーゼのお鍋

私は料理が大好き！ 仕事以外はキッチンに立っていることが多いと言っても過言ではないほどです。私が愛用している鍋は「ル・クルーゼ」。カラフルで可愛いのでキッチンにあるとモチベーションがアップします。

10年程前に購入し、初めて作ったのは肉じゃが。ジャガイモがホクホクで全く煮崩れしていないこと、硬くなりがちなお肉も柔らかかったことには驚きました。野菜を効率よく取るためにはサラダはもちろん、温野菜、スープなどを作ることが多いのですがル・クルーゼで作る野菜料理は格別。温野菜は蒸し煮にし、スープは根っこや皮まで一緒に煮出し栄養満点。お休みの時には、お米を炊いたり、炊き込みご飯を作ったり、シチューを作ったり、鶏肉とお野菜を低温でじっくり蒸し焼きにしたり……手間をかけずに美味しく作ることができます。

保温性の高く、見た目も可愛いので食卓にお鍋ごと持っていけるのもGOOD。

好きな香り

マリリンモンローの有名なセリフ。「夜はなにを着て寝ていますか？」という質問に対し、「私はシャネルの5番をまとって眠っているわ」と答えた彼女。私はこのセリフが大好き！　寝ているときは服ではなく香りをまとう……いい香り、自分の好きな香りで癒されるってとても素敵なことですよね。

その究極が眠るときにまとう香りなのでしょう。そう！　アロマオイルや香水……好きな香りに包まれることでストレスを解放し、ホルモンのバランスや、自律神経のバランスを整えることができるのです。ですから私も好きな香りに包まれる空間を作り、脳のリラックスや集中力アップ、そして身体の声を聞くことができるように工夫をしています。

香りを味方につける習慣をつけると美容と健康にプラスの作用がありますので、寝るときはもちろん、マッサージやストレッチをするときにも心地良いと思う香りとともに過ごしましょう。

THANN プリオニー／CHANEL NO.5／TOMFORD BLACK ORCHID

ミネラルウォーター

私はあまり好んで「お水」を飲まないのですが、飲むときにはとことんこだわっています。

ミネラル豊富で代謝と排泄をサポートしてくれる「コントレックス」、美のミネラル〝ケイ素（シリカ）〟がたっぷり入った「FIJI」、料理を美味しく引き立ててくれる炭酸入りの「オレッツア」「サンペレグリノ」とどれもマグネシウム、カルシウムが豊富な硬水。私はそれぞれ飲みわけています。「コントレックス」に多く含まれるマグネシウムは、腸により多くの水分を集める働きがあるので、便通を改善してくれます。「FIJI」に多く含まれるケイ素は活性酸素を除去し、肌にハリを与え、強い骨を作ってくれます。そして血管壁を丈夫にし、血液がスムーズに流れるようなサポートも。「サンペレグリノ」「オレッツア」は天然炭酸水。炭酸水は食事中の口の中をリセットすることができ、炭酸のおかげで食欲を調整することもできます。

炭酸は美肌効果もあるので洗顔にもオススメ。

CONTREX／FIJI／OREZZA／S.PELLEGRINO

洗顔後の温タオル

蒸しタオルで血行促進&毛穴汚れを浮き立たせるスペシャルケア。洗顔後に42℃くらいの熱めのお湯にタオルを浸し、よく絞ったら顔にのせバスタイムエステをします。蒸しタオルによる適度な「熱」は血行促進プラス肌の代謝を高めてくれ、タオルのフタが「水分」を肌の細部、深部まで行き渡らせてくれます。そうすることで角質が柔らかくなり、毛穴の汚れや余分な皮脂を落としてくれます。目の下のクマや空調による乾燥、目の疲れ、鼻炎などの改善にも効果があります。

蒸しタオルをしたあとは冷水で引き締めることも忘れずに！　毛穴が引き締まり、顔の筋肉も刺激されます。時間があるときには2～3回繰り返すと効果がアップします。蒸しタオルをしたあとは肌が乾燥しやすいのでなるべく早く水分を与えることがポイントです。血行が良くなり、毛穴もきれいになっているので化粧水はもちろん、美容液の浸透力も高まります。

クラランストータルリフトマンスールとマスヴェルト

軽いストレッチと併せて行っているのがクラランスボディケア。

「リフトマンスール」は脚のむくみや太ももやヒップのセルライトケアに、「マスヴェルト」は二の腕やウエストの引き締めに使っています。

むくんだ脚、疲れた脚、太ももとヒップの境目メイクは「リフトマンスール」。立ったまま脚のストレッチを兼ねて行います。ヒップと太ももの境目は手のひらを使ってしっかり塗り込みながら指の腹を使って引き上げます。肌が手に吸い付いてくるような感じなのでマッサージが楽しくなります。肩や首にもオススメ！

そして「マスヴェルト」は脂肪の厚いウエストやお腹をマッサージするために使います。腰骨の内側から脚の付け根にかけてしっかり塗り込み、ウエストラインに沿って左右のくびれをメイクします。おへそ周りと下腹もしっかりマッサージするときれいなメリハリのあるウエストに！

CLARINS クレーム マスヴェルト／トータル リフトマンスール EX

no.05　ダイエットをするうえで大切なルール

絶対に結果を出すために忘れずにいたいこと。

rule 1

生まれ持った体型とあきらめないで！

生まれ持った体型。もちろん体型や体質などはそれぞれです。でも生まれ持った体型だと思い込んでしまうのはもったいないこと。私も以前は体型や体質のせいにしていたことがたくさんあります。たとえばアトピー性皮膚炎であることや先天性の目の病気であること、顔が大きく丸いこと、太りやすいこと、身体が固いこと……あげたらきりがないほどたくさんあります。でも私がプロになるための勉強を始め、その体型や体質は改善できることがあるということを知りました。アトピー性皮膚炎は今ではほとんどわからないようになりましたし、太っていた体型からやせて体重はキープしています。そしてリンパマッサージのおかげで顔の小顔になりました。体型や体質は改善できます！　ですから「生まれ持ったもの」とあきらめずにボディ改造を試してみてください。

rule 2

コンプレックスを隠そうとして逆に目立っていませんか？

コンプレックスを隠そうとして隠せば隠すほど目立っていることに気付いていますか？　私も脚が太く股ずれしている頃は足を隠すのに必死でした。デニムをルーズに穿いてみたり、タイツを２枚履きしたり、ロングスカートにハイヒールを合わせてみたり……顔が丸いのを隠すために横の髪の毛を前に垂らし気味にしたり、前髪やサイドの髪の毛を巻いてボリュームを出したり……色々な工夫をしました。でもそれらは結局コンプレックスを際立ててしまっているのです。隠せば隠すほど浮き彫りになるんです。この隠すおデブ習慣はやめて、気にある部分は潔く出しましょう！　そうすると知らぬ間に意識をするようになって脚が細くなったり、顔が小さくなったりするんです。このような潔く見せるクセをつけるとどんどん身体は変わるのです。

rule 3

身体のラインが変わるのは1週間後

私の経験上、体重に変化が起きてきてから見た目的に効果が出るのは1週間後くらいになります。1週間〜2週間を目安に目標設定をすることが一番効率が良いと考えます。長期戦ですとやはり続かないことが多いようです。私はダイエットしてもキープできなければ意味がないと思っていますのでなるべく無理のない目標設定をするようにアドバイスします。体重は目安の数字。毎日体重計に乗る必要はなく、ボディライン重視、見た目重視で良いと思います。でも体重計に乗って目から入る情報は脳にインプットされやすいという点を考えると、モチベーションを上げるために体重を測ることは良いかもしれません。意識を変え、毎日セルフマッサージをし、食事に気を付けるようになると3日目くらいには体重が500g〜1kg減ります。そして1週間続けると1週間後には見た目に変化が出て、身体のラインが変わります。とにかくもう一生ダイエットはしない！ リバウンドをしない身体作りの基本は最初の1週間だと思ってください。

rule 4

上半身美人の磨くべきパーツはこの3つの骨

見た目＆シルエット重視のダイエットは、ダイエットではなくボディメイクという表現の方が正しいですね。上半身美人の条件は下顎骨、鎖骨、肩甲骨の3つの骨を際立たせることだと思います。バランス学的に見てもこの3つの骨は磨きをかけるべきです。この3つの骨のケアをするだけで上半身がグッと軽くなり、女性らしいしなやかな動きも実現します。下顎骨はおとがいリンパ節というリンパもあります。ここは右手のこぶし、第二関節でアゴの先端から首に向けてほぐすように動かします。二重アゴ防止にも！ 鎖骨はリンパの最終出口でもあり大事なリンパ節。身体を少し前かがみにして鎖骨の骨の上を人差し指の腹でしっかり押しましょう。肩甲骨は身体の中でも一番可動域が大きい関節。肩を耳まで引き上げ、重力を利用し、脱力し腕を下ろします。毎日気付いたときに行うだけで3つの骨がくっきり！

day 6

毎日5分！ みるみる 全身やせレシピ

ダイエットに成功し、理想のボディラインを維持するために必要なことは毎日のセルフケア。ここでは私が毎日スタイルキープのためにやっていることを紹介します。毎日5分続けるだけでみるみる身体のラインが変わってくることを実感できるはずです。

1. 足裏に溜まる老廃物を撃退

足の裏は重力の影響で体内に不要になった老廃物や余分な水分、毒素などが溜まってしまう部分。足の裏にある反射区は内臓の機能の低下や筋肉のコリを解消することもできます。

1.

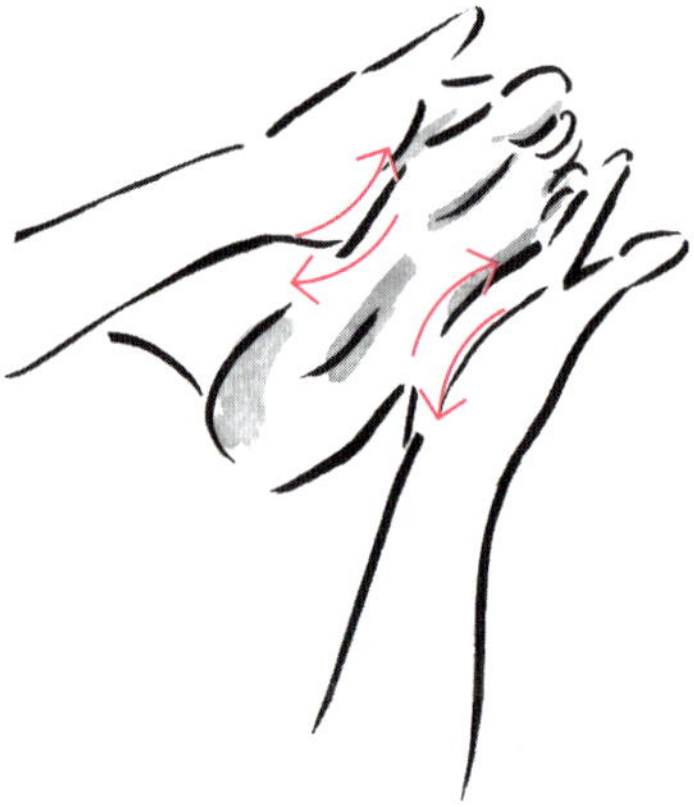

足裏を柔らかくほぐすために、足の親指と小指を両手で挟み、上下に揺らしましょう。足裏には体の1/4の骨が足に集まっているため、その骨をしっかり揺らし、骨を1つ1つバラすように動かします。

2.

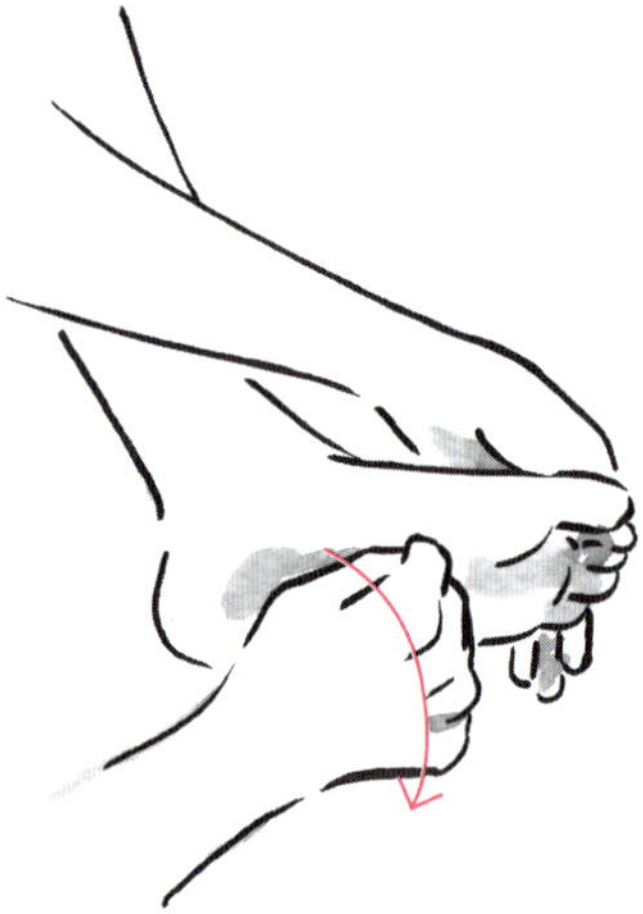

足裏が少し柔らかくなったところでこぶしの第二関節を使って足裏を刺激します。足裏の内側から外側に向けてしっかり押しながら刺激します。特に足の指の付け根はリンパの反射区があるのでしっかり押しましょう。

check point

- □ 足裏の老廃物は柔らかくしてかき出すのが鉄則！
- □ オイルやクリームを使って指の滑りを良くすると効果アップ。
- □ 足裏の反射区も参考にして、疲れているパーツケアもしましょう。

足裏には約６０個のツボがあるので
指の第二関節を足裏に密着させると
ツボへの刺激もできます。

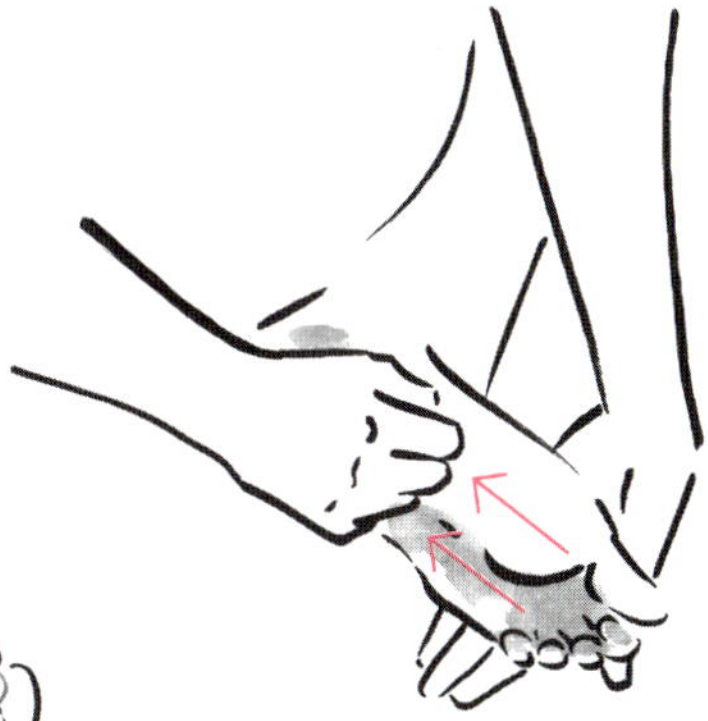

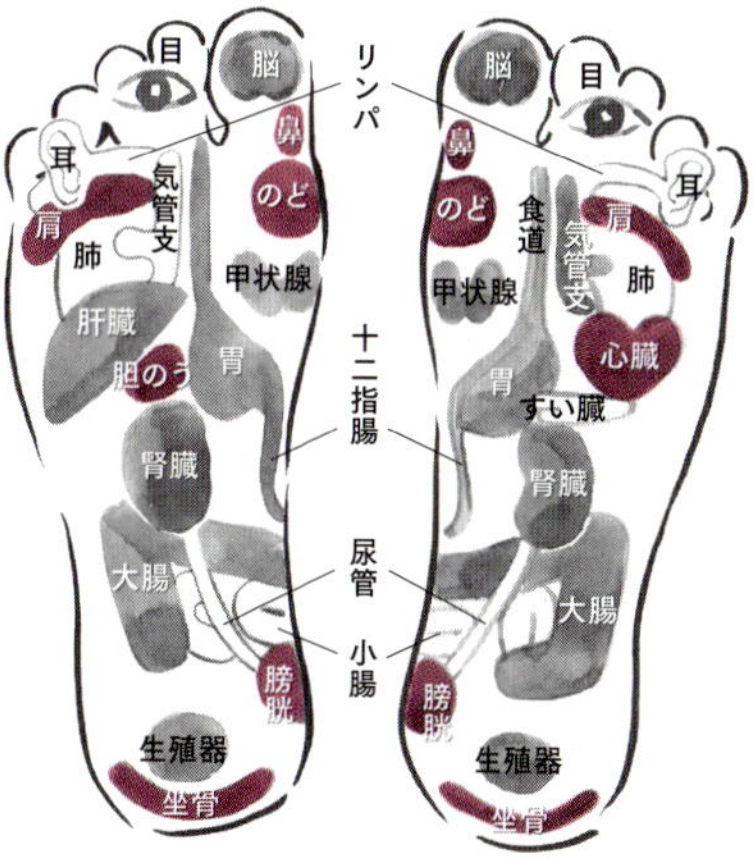

〈反射区〉

足裏が少し温かくなってきたと思います。同じくこぶしの第二関節を使って足裏を刺激します。今度は足の指からかかとへ一方向へ動かします。ゴリゴリと感じるのは毒素や老廃物。かき出すようにしっかりスライドさせます。

2. 身体の土台である足首をゆるめる

足首まわしで関節をゆるめると全身の血液やリンパの流れが良くなります。それだけでなく膝関節や股関節、背骨が定位置に戻りやすくなるのです。私は足首まわしをするようになってダイエットに成功し、健康になりました。

1.

足の指の間に手の指をしっかり入れて、足の指と指を広げましょう。指の股までしっかり入れてポンプのようにぎゅっと握り、指の末端にある血液を動かしましょう。

2.

足の指の間に手の指を入れたまま、手前に引き寄せ足の甲をストレッチをしましょう。膝から足先までが一直線になるようにしっかり伸ばします。その時、片方の手の親指でくるぶしを押します。

check point

- 足の末端まで血液が流れるように足の指を開きましょう！
- 足首の可動域を広げるように大きくまわします。
- 足が温かくなってきたら効いている証拠。

|||.

くるぶしを押さえたまま、親指で大きな円を描くように足首をまわします。まずは時計回りにまわしながら足指の骨をゆるめます。足指がゆるむと自然に足首の可動域も広がります。反対側も引っかかりがなくなるまでまわします。

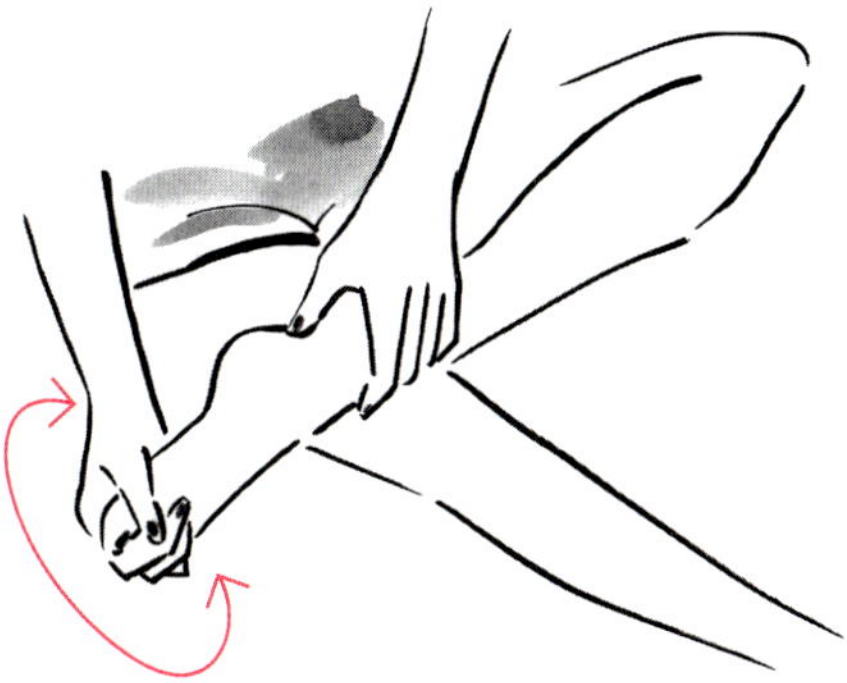

足には全身の骨の数の1/4の骨が集まっている重要な部分。
片足で28個の骨で形成されているんです。

3. 足指をゆるめて身体のバランスを整える

身体の末端である足の指の関節は固まりやすいパーツです。足の指がきちんと動くことにより、身体のバランスをとりやすくなります。またハイヒールを履いて美しく歩くこと、またウォーキングを効果的にすることができるようになります。

I.

足の指の間に手の指を挟んで、両脇から押しましょう。最初は痛みがあるかもしれませんがゆっくり足の指の関節をゆるめましょう。痛みがなくなり、イタ気持ちいいと思うまで行います。

II.

足の指の関節に溜まった老廃物がなくなるように足の指1本1本を大きくまわします。指の関節が緩まると血流も良くなり、冷え性改善にもつながります。そして踏ん張りが効くようになるのでハイヒールでも歩きやすくなります。

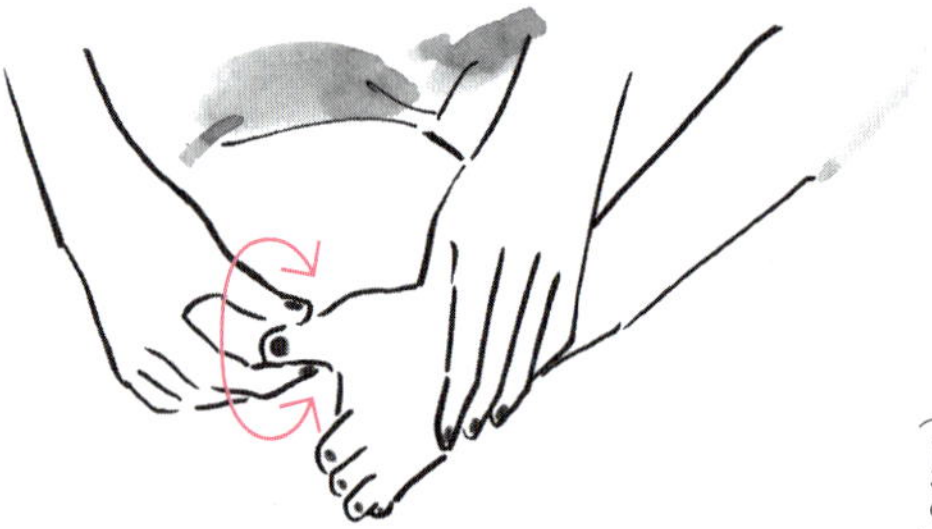

check point

- □ 足の指を１本１本を柔らかくしよう！
- □ 足裏全体を柔軟に使える意識を持つ。
- □ 足の指にあるツボもしっかり押しましょう。

足の指の関節をゆるめるために足先を引っ張りましょう。ワインの栓を抜くようなイメージで１本ずつリズミカルに行いましょう。足の指のツボを刺激しながら行うと血行促進になります。

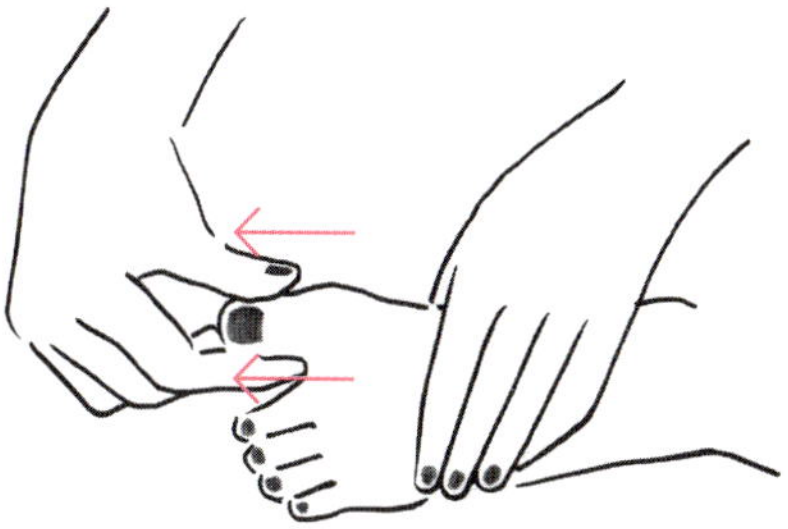

足の指には生理トラブルや更年期の症状などにも効く女性ホルモンのバランスを整える反射区（「下垂体」と「副腎」）や首のコリや頭痛などに効く反射区（後頚部）などもあります。

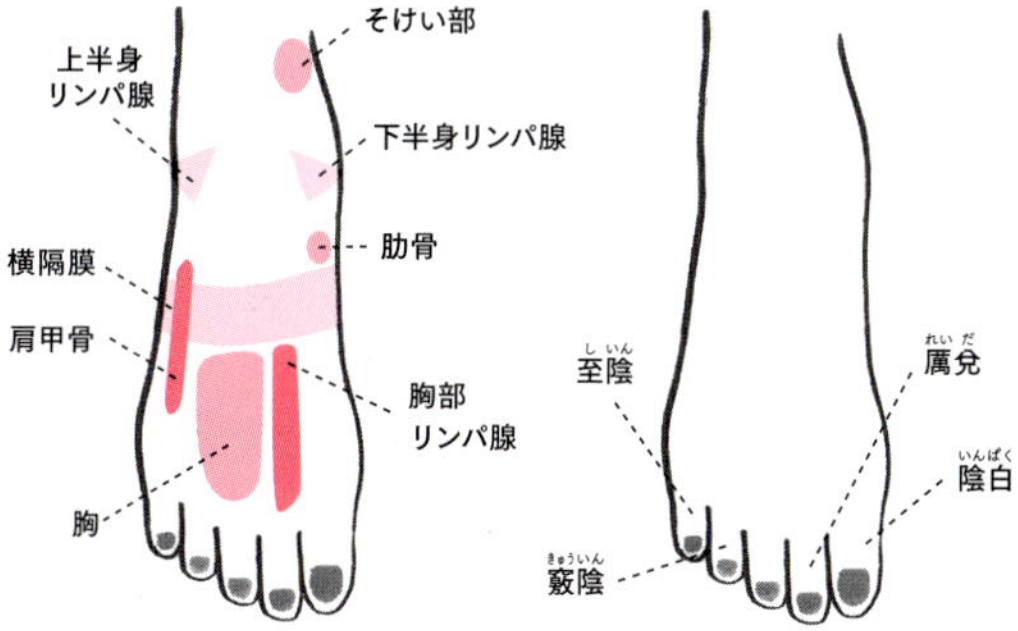

各ツボの効能

陰白《いんぱく》…便秘、月経不調
厲兌《れいだ》…便秘、むくみ、胃の不調
竅陰《きゅういん》…腰痛、肩コリ、頭痛、疲れ目
至陰《しいん》…冷え、頭痛、血行不良

4. 下半身のデトックススイッチ「リンパ節」ケア

下半身の老廃物・毒素などを排泄するスイッチとして大事なのが脚の付け根の「鼠径《そけい》リンパ節」。脚のリンパ節をしっかり開くことにより、巡りの良い身体になります。代謝アップ・デトックス効果があるので毎日の脚の疲れやむくみをリセットできます。

check point

- □ 鼠径リンパ節を開くコツはこぶしを使うこと。
- □ デスクワーク中に押して血液&リンパの流れを改善。
- □ 「押す&揉む」の繰り返しでリンパ節を深く、開こう。

1.

楽な姿勢で椅子に座り、脚の付け根にこぶしの第二関節を当てます。鼠径リンパ節は脚のリンパ節の中でも大きく太いリンパ管が集中しているので奥深くまで圧が届くように押しましょう。

足の付け根のリンパ節は立った状態で押すより、
座った状態の方が開きやすい！　床に座って
あぐらをかいて行ってもOK。やりやすい方法で！

II.

そのままゆっくり上半身を前に倒し、自重をかけながらより深く圧をかけていきます。足先がじわっと温かくなってきたり、足がしびれる感覚があればきちんと刺激出来ている証拠です。

III.

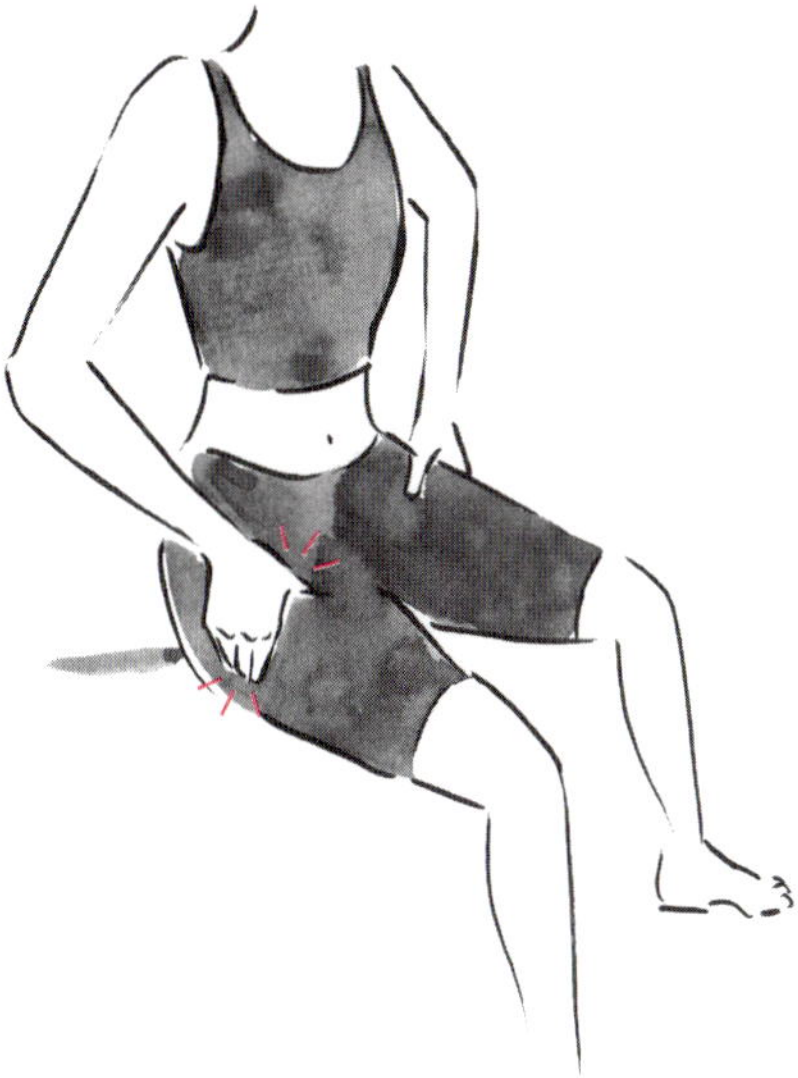

さらにリンパを刺激するために親指で脚の付け根をもみほぐします。リンパが滞っているとゴリゴリしますがしっかり揉むとどんどんゴリゴリは小さくなってきます。１～３を1セット5回行うと足のむくみが消え、脚やせ効果があります。

5. ストレッチで筋肉を伸ばし、血液・リンパの流れも促進

デスクワークや姿勢の乱れで身体の中心であるお腹が丸まっている現代人。お腹が丸まっていると内臓の位置が悪くなり、お腹のハミ肉を育ててしまう残念な結果に……身体の中心をしっかり伸ばすことで身体を目覚めさせましょう！

check
\ point /

□ おへそを中心に、縦・横ストレッチ。

□ お腹にある静脈やリンパが刺激され巡る身体に！

□ 重力の影響で下がった内臓も引き上げよう。

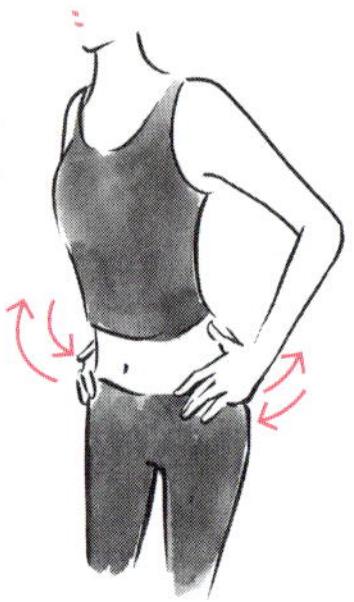

腰を小刻みに動かし、
ウエスト・お腹をゆるめましょう。

1.

足先を30度くらい広げ、姿勢を正して立ちます。肩を耳たぶに触れるように上げ、力を抜いてストンと下ろします。腰を左右に小刻みに動かし、上半身をリラックスさせます。

おへそを中心に上半身を前後左右にしっかり倒してストレッチ。
このストレッチの目的は“縮んだお腹を伸ばすこと”です。
特に左右に上半身を倒す時に前のめりにならないように注意！

III.

今度は足を肩幅に開き、上半身を横に倒していきます。脇腹がしっかり伸びていることを感じながら、背骨の骨をひとつひとつ剥がしていくようなイメージで倒していきます。脇腹はもちろん、腰や脚のマチ部分をしっかり伸ばします。

II.

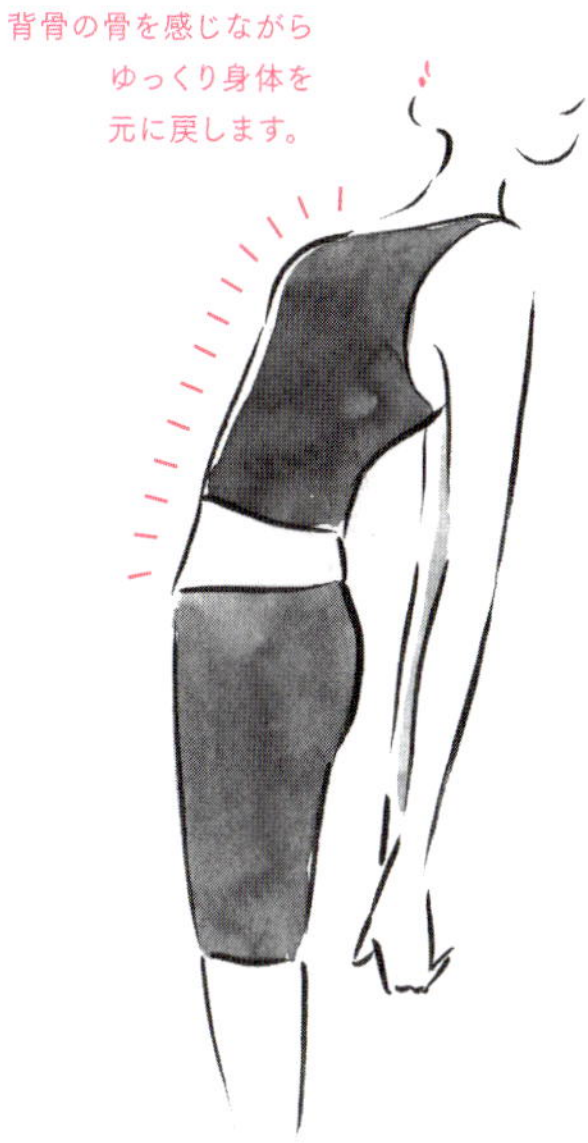
背骨の骨を感じながら
ゆっくり身体を
元に戻します。

そのままゆっくり上半身を後ろに倒していきます。腰の骨をひとつひとつゆっくり倒すように動かし、脚の付け根から下腹、お腹の中心、胸を開きます。

no.06

スロトレで良質な筋肉をつけよう

女性らしいしなやかなボディ作るためのススメ

WARMING UP 01

いすに座って お腹から 太ももを刺激

仕事の休憩中にもできるので隙間時間に！

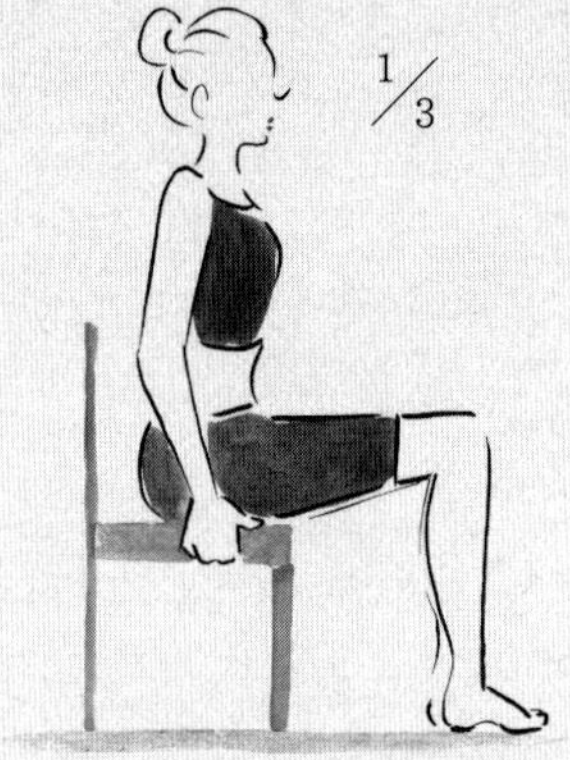

背もたれのあるいすに浅く腰をかけます。
左右の座面を握り、足をゆっくり床に
平行になるよう上げ、3秒キープします。

息を吐きながら太ももを
胸に向かってゆっくり引き寄せます。

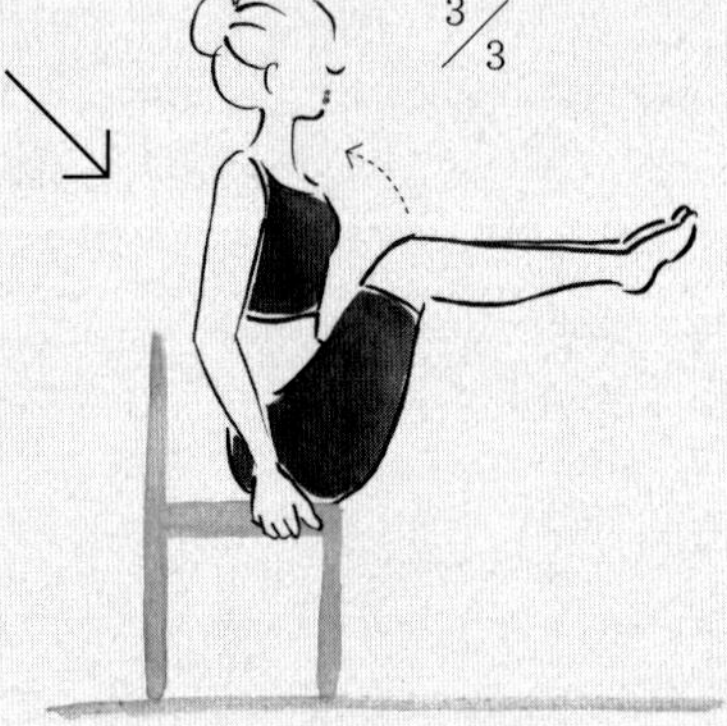

ゆっくり息を吸いながら3秒かけて
②まで戻ります。①～④を5回繰り返す。

※ 両足で行うのがつらい人は
片足ずつでもから始めてもOKです。

私が目指す美しいボディとは女性らしく、しなやかで、柔らかいというのが理想。それには毎日の「マッサージ」「ストレッチ」に加え「スロトレ」をするのがオススメです。「スロトレ」とはスロートレーニングの略でその名の通りゆっくり行う運動のことです。軽い負荷で筋肉の緊張を保つことで筋肉量を増やし、基礎代謝をアップさせる効果があります。基礎代謝がアップすれば自然と太りにくい身体になりますので「やせグセ」につながります。
「スロトレ」は自宅でできるので始めやすい！「やる！」と決めたら自宅ですぐに始められます。1回10分、週2～3回ゆっくりと行うのがポイント。

重要なのはウォーミングアップ。ウォーミングアップで身体を温めてからはじめること。

スロトレのいいところ

- **運動が苦手な方、筋力がない方、体力がない方でもすぐに始められる**
- **フォームを崩さず、ゆっくりとていねいに行える**
- **自分の筋力や体力と相談しながら回数やトレーニング内容を調整できる**

WARMING UP 02

足踏みで身体を温める！

ウォーミングアップもゆっくり行いましょう

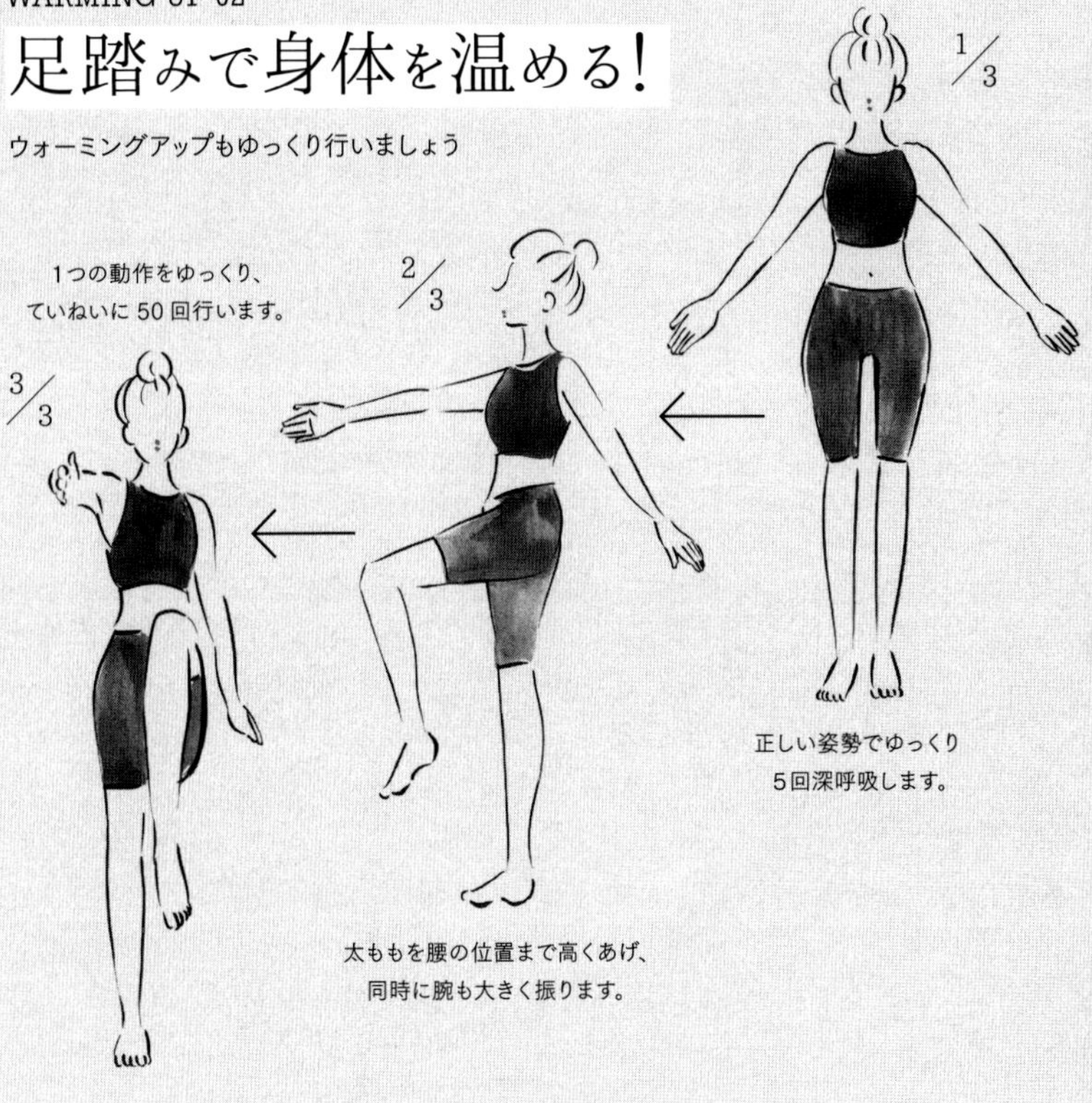

正しい姿勢でゆっくり
5回深呼吸します。

太ももを腰の位置まで高くあげ、
同時に腕も大きく振ります。

1つの動作をゆっくり、
ていねいに50回行います。

day 7

やせたいパーツ別
エクササイズレシピ

最終日はやせたい！ 引き締めたい！ そんなパーツ別のお悩みを解消できるエクササイズを紹介。気になるパーツに直接アプローチができるので効果絶大！ 最初は辛くても、毎日繰り返し行うことで気が付けば、ながらエクササイズができるようになります。鏡の前で身体の動きを見ながら行うとさらに効果アップ！

下っ腹

いつもは隠れているけれど本当は気になっている「下っ腹」。年齢とともに内臓が下垂してぽっこりお腹になりがちです。洋服では隠せるけどどうにかしたいパーツのひとつ。このエクササイズは横になった状態でできるので寝る前のベッドの中ややテレビを見ながら気が付いたときにできちゃいます。程良く腹筋がある女性らしいお腹とくびれたウエストを作りましょう。下腹が引き締まるとスリムな印象になるんです！

I.

気になる下っ腹に意識を集中

仰向けになり、目を瞑り、気になる下っ腹に神経を集中させましょう。深呼吸をし、身体の中にある汚れた空気を吐き出しましょう。

II.

膝を曲げて腹筋を刺激

膝を曲げたまま両足を上げましょう！ そのときひざの角度は90度になるようにキープします。呼吸を一定にすることを忘れずに！

III.

すらっとまっすぐ伸びた美脚へ

片足の膝の角度はキープしたまま、もう片足をしっかり伸ばします。足先をしっかり伸ばし、太ももも同時に刺激しましょう。

伸ばしている脚の方へ上半身をツイストするとウエストのくびれを作ることもできます。

I.

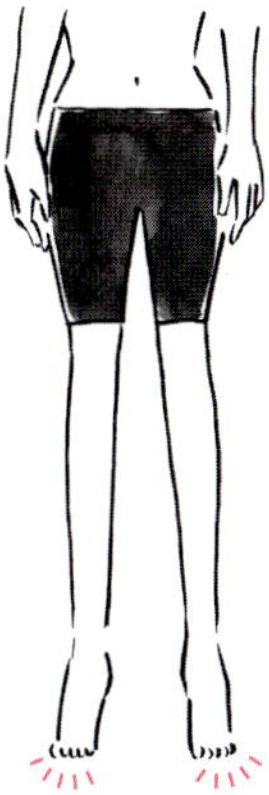

足の指をしっかり広げる

肩幅に足を開き、足の指をしっかり広げます。よろけてしまう人は肩幅よりも少し広めに足を開いてもOK。

II.

つま先に意識を集中

指を広げたまま、足の指の付け根でバランスを取りながらつま先で立ちましょう。5秒カキープ。

III.

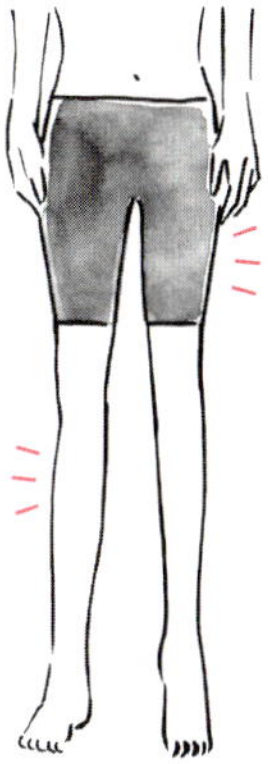

バランスを保ったまま左右交互に

左右交互にかかとを下ろします。リズミカルに行うのがポイント！ 左右15回目安に行いましょう。

上半身が左右に揺れないように、腰から動かすように行うと太ももやお腹の引き締めにも効果が！

ふくらはぎ

女性なら誰でも憧れる「美脚」。きれいな筋が入った、メリハリのある脚になれます。ハイヒールを履いているときの姿勢に近いことから「ハイヒールエクササイズ」と呼んでいます。ハイヒールを履いたときの重心は足の親指の付け根にあることがベスト。ハイヒールで歩く姿が美しくない女性は重心が定まらず、膝が曲がったり、内股になったりするためです。このエクササイズをするとハイヒールでも美しい歩き方が身につきます。

太もも＆ふくらはぎ

脚で最もやせにくいのが太もも。太ももさえ細くなればもっとミニスカートやパンツがきれいに履けるのに！と思っている方は多いと思います。このエクササイズはキュッと引き締まり程よい筋肉がついた「美脚」になるために有効です。そして内もものすきまを作る効果も期待できます。バランス感覚を養うためにも片足立ちエクササイズは毎日行うことをオススメします。歯磨きを片足立ちでするのもGOOD。

I.

片足立ちで太ももの筋肉を意識

片足立ちになり、上げている方の脚の膝を曲げた状態で腰の高さまで上げます。そのとき軸脚の膝をしっかり伸ばしましょう。

II.

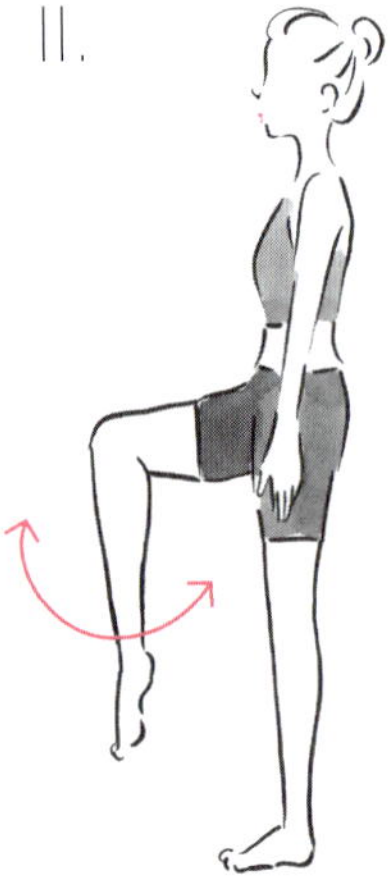

膝から下をぶらぶら

膝の高さをキープしたまま、膝から下を前後に揺らします。ボールを蹴るようなイメージで、なるべく大きく動かします。

III.

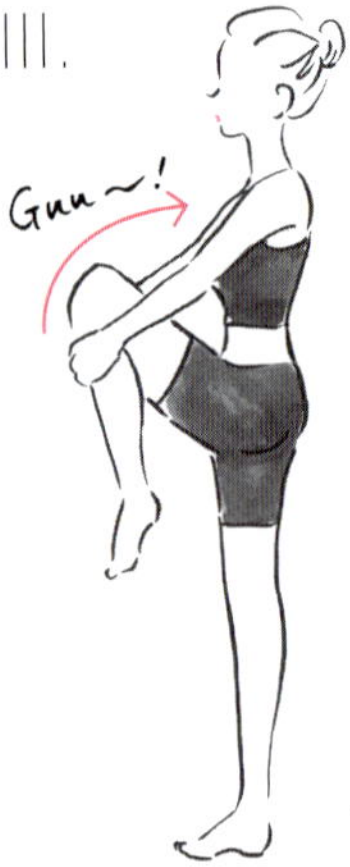

膝を抱え、ヒップをストレッチ

バランスを保ったまま膝を両手で抱えて、胸の方へ引き寄せます。上半身が前のめりにならないように注意しましょう。

膝の高さをキープしたまま足先を左右に揺らすとふくらはぎが柔らかくなり、筋肉ポンプがよみがえります。

**脚を大きく開いて
スタート**

脚を大きく開き、つま先と膝を外側に向けて立ちます。手は腰に軽く乗せましょう。目線はまっすぐ、姿勢を正します。

**腰を落として
ストレッチ**

脚を大きく開いたまま、みぞおちに力を入れて腰を落とします。太ももが床と平行になるように膝を曲げます。

**上半身を
上下に揺らす**

膝に手を置き上半身を上下に揺らし、脚の付け根、内ももをしっかり伸ばしましょう。その時に上半身が前のめりにならないように注意。

太ももが床と平行になるように腰を落とし、
体を左右に揺らすと膝の上のブヨブヨ肉を撃退できます！

ヒップ

年齢は後ろ姿に出る！ ヒップの垂れと腰回りのハミ肉を撃退できるエクササイズです。丸く、キュッと引き締まったヒップは後ろ姿を一段ときれいに見せてくれます。スクワットよりも辛くないけれど効果はテキメン。ヒップアップだけでなく、お腹・太もも・ふくらはぎまで引き締められます。さらには股関節にも刺激を与えることができるので代謝アップまでできちゃうんです。１日３分やるだけでみるみるスタイルアップ！

背中

美しい背中の条件は、「美しい肩甲骨のライン・美しい姿勢・艶のある美しい肌」であると思います。パソコンやスマホを愛用する現代人は猫背や肩こりになりやすいですよね。あなたは肩甲骨の周りの筋肉が凝り固まり、肩甲骨が埋もれてしまっている残念な背中になっていませんか？　凝り固まったままにしておくと、肩の動きや脇の下のリンパにまで悪影響を及ぼしてしまいます。

I.

肩甲骨をつかみ、リンパも刺激

手を軽く上げ、脇の下と肩甲骨を掴み、親指の腹で肩甲骨の側面を掘り起こすように剥がしていきます。

II.

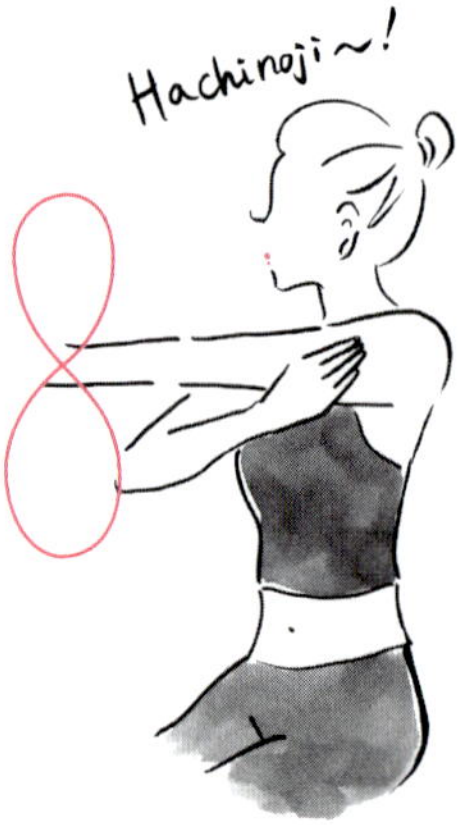

固まった肩甲骨を剥がす

よく揉みほぐしたら脇の下の中心をおさえたまま、手を前に伸ばし８の字を描きます。その時、肩の高さまで腕を上げるように注意！

III.

肩甲骨全体をスライドさせる

脇の下の中心と肩甲骨をつかんだまま、肘を後ろに引きます。後ろに引いたときにつかんだ手が離れることで肩甲骨の筋膜が剥がれやすくなります。

I.

背中をしっかりストレッチ

四つん這いになり背中を反らせましょう。そのとき肩甲骨を寄せ、骨盤を前に倒すようにし、背中を反らします。そのまま 15~20 秒キープ。

II.

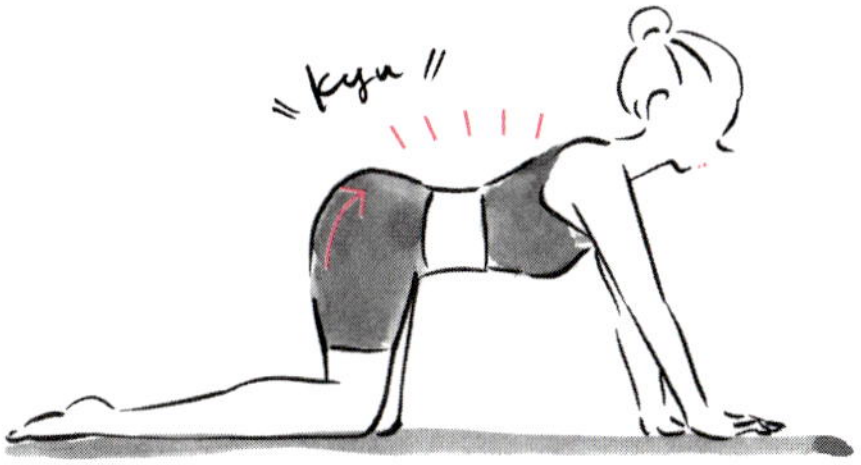

肩甲骨を寄せてキープ

肩甲骨を寄せたまま背中をまっすぐに伸ばします。息を吐き切るようにし、骨盤を引き上げます。

III.

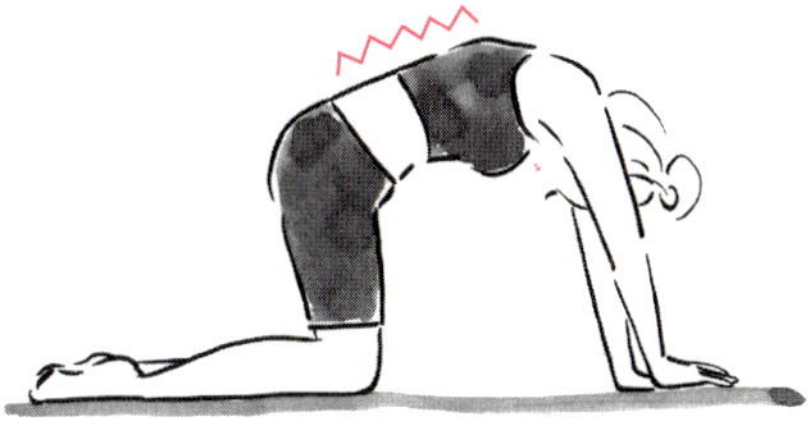

背中をゆるめてリラックス

息を吸い、息を吐きながら肩甲骨を開いて背中を丸めます。そのとき骨盤は後ろに倒し、目線はおへそを覗き込むようにしましょう。

ウエスト

背中から腰のSカーブを作り、女性らしい曲線美ボディに！もともと私たちの背骨はS字カーブになっています。正しい姿勢を保つことができれば背中から腰のS字カーブは自然にできるものです。でも身体の染み付いてしまったクセにより脂肪が移動してきたり、身体の歪みによりボディラインが崩れてしまうのです。このエクササイズをすることに腰の曲線美だけでなく、腰痛改善ができたり、美しい肩甲骨が手に入ります。

二の腕

二の腕のタプタプ……よく「振り袖」なんて表現しますね。また腕を閉じたときの腕の付け根にプクッとした贅肉も振袖同様どうにかしたい部分です。それらのたるみは脇の下のリンパケア（腋《えき》窩《か》リンパ節）と少しの筋トレで解消することができます。薄着になる季節が近付いてから慌てないように毎日のエクササイズを取り入れましょう！Tシャツやシャツのシルエットが美しくなる効果も期待できます。

I.

ペットボトルを持ち腕を伸ばす

ペットボトルに水を入れたものを持ち、床と腕を垂直に伸ばし、肘だけを曲げます。そしてまた伸ばします。

II.

肘を伸ばし筋肉に刺激を！

肘を後ろに引き、そのまま肘を後ろへ引きながら伸ばします。腕の付け根の後ろ側を意識しながら行いましょう。

III.

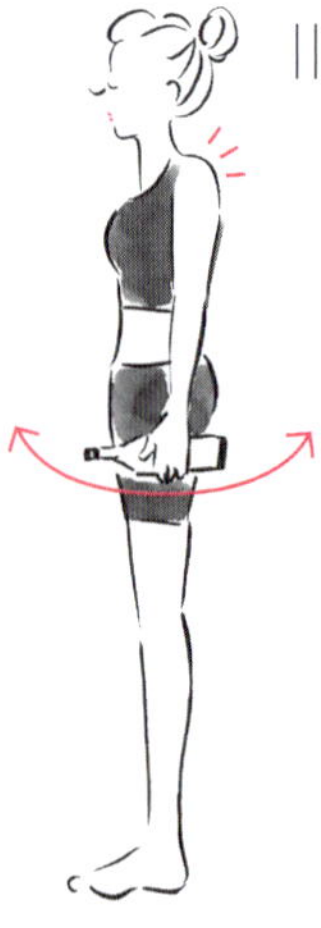

重さを利用して腕をリリース

ペットボトルを持った手を下に下ろし、前後にぶらぶら揺らします。ペットボトルの重みを利用して腕の付け根をゆるめます。

少し重いと感じた場合はお水の量を半分に減らしてもOK

I.

仰向けリラックスからスタート

仰向けに横になり、少し脚を浮かせます。足のつま先に逆の足のかかとが付くよう動かします。

II.

空中ウォーキング

そのまま歩くように足を交互に入れ替え、太ももから足を上げていきます。呼吸は止めないように注意しましょう。

III.

まだまだ空中ウォーキング

足が真上まで上がったら逆の動きで元の位置まで戻りましょう。特に戻るときには下腹部に力が入っていることを意識！

脚

むくみのないすらっとした美脚を作るために私が毎日やっているエクササイズは「空中ウォーキング」。これは私が脚のパーツモデルをしているときからの習慣です。ほどよく筋肉がつくだけでなく、重力の影響で脚の先に溜まってしまった老廃物や毒素を排泄するサポートもしてくれます。腹筋も刺激できるので、下半身メイクには欠かせないエクササイズなのです。

身体の歪み

身体の歪みを取り除き、全身の巡りを良くするための「お尻歩きエクササイズ」。日々の生活でどうしても身体の歪みが生じてしまいます。その歪みを毎日リセットすることができればベストですよね。このエクササイズはお尻を交互に動かし、前に進むため骨盤をしっかり使い、ゆるめることができます。また手の動きをプラスすることで全身を使うので代謝アップにつながります。

お尻歩きスタート

両脚を伸ばし、足の指が真上に向くように座ります。両手を大きく振りながら5歩進み、5歩下がります。リズミカルに動きましょう。

肩甲骨もプラス

両手を頭の後ろで組み、お尻歩きをします。両腕を振らないと進みが悪いことが感じられるはず。肩こりの改善にも効果あります。

腕もプラス

腕を上げてお尻歩きすることでウエストのくびれをメイク！ ウエスト周りの血行も促進され、便秘解消にもつながります。

Ⅰ.

手首を8の字に

手首をゆるめるために両手を組み、8の字に動かします。手首の関節がゆるまることにより腕全体の血流がよくなります。

Ⅱ.

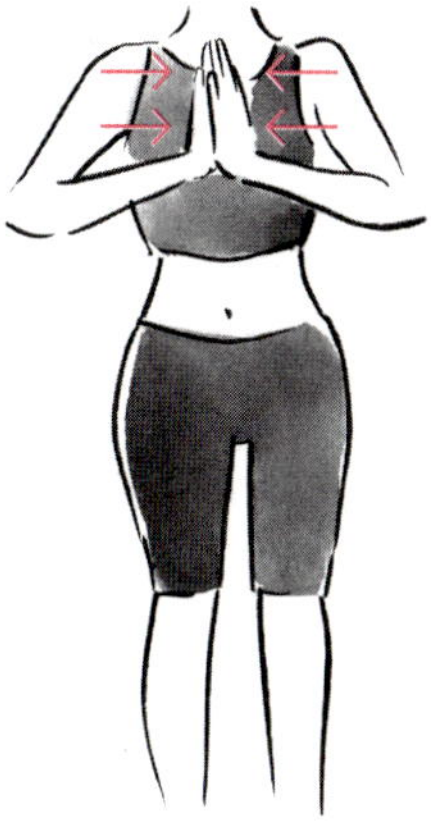

両手を合わせる

両手を合わせて両方から中心に押し合います。そして今度は指先を斜め下に向けます。すると肩甲骨が前後にスライドします。

Ⅲ.

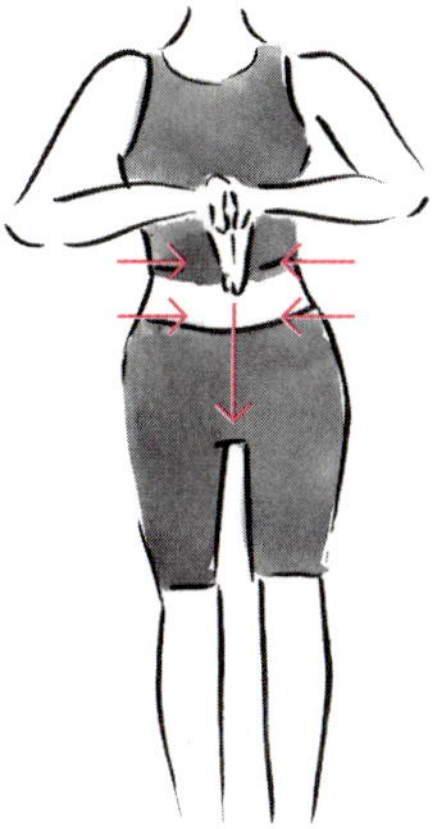

腕の動きで バストアップ

両手で押し合ったまま指先を斜め下に向け前に腕をまっすぐ伸ばします。すると胸の筋肉は刺激されたまま、肩甲骨も開き、柔らかくなります。

バスト

ツンと上向きバスト、ふっくらバストはマッサージと胸筋メイクで作られます。そして手首を柔軟にしておくこと、肩甲骨の可動域を広げること、脇の下のリンパを開くことも重要です。バストの形をよくすることも、サイズアップすることもできるこのエクササイズで育乳をはじめてはいかがですか？特にバスタイムで行うとより効果的！手の動きだけなら座ったままでもできるので仕事の合間にもオススメ。

おわりに

「かつてデブだった私」

「私はボディメンテナンスセラピスト。42歳。2児の母。以前は身長162cm、体重68kgと太っていました。半年で約15kgのダイエットに成功し、約20年リバウンドせずスタイルキープをしています！」

そのように自己紹介をすると、いつもとても驚かれます。

「どうしたら痩せられますか？」

「どうやってキープしているんですか？」

と聞かれますが、特別なことはしていません。基本となる「MYルール〜習慣〜」を持っているだけなのです。その「MYルール〜習慣〜」は私が経験してきたこと・人体の構造に基づくものなので必ず効果があることばかりです。何度もダイエットに失敗し、リバウンドした私だから知ることができたこと、またボディメンテナンス・セラピストとしてサロンワークをしている私だから知ることができた最高の知識・知恵です。

「MYルール〜習慣〜」＝「やせグセ」

最近ではその「ＭＹルール〜習慣〜」のおかげで、スタイルキープができていると実感することが多くなりました。そう　私の「ＭＹルール〜習慣〜」はすべて「やせグセ」につながっているのです。少し食べ過ぎたり、生活リズムが乱れたり、外食続きだったりしても1〜2日で体内リセットすることができます。それは身体の声を聞くということとやっていいこと、悪いことを知っているからできることなのです。ですから「やせグセ」をつけるためにまずやるべきことは「やっていいことと悪いことを知る」ということなのです。

「やっていいこと・悪いこと」

毎日の習慣によって、無意識にやってしまっている「やっていいこと・悪いこと」が誰にでもあります。それらを知り、意識することで「おデブグセ」を脱却し、一生太らない「やせグセ」をつけましょう。1日目はやってしまいがちな「おデブグセ」……かつて私が太っていたときに無意識にしてしまっていたことなどを紹介。読んでいてハッとさせられたこと、ダイエットの基本よね〜と思うこともあったのではないでしょうか？　ダイエットするときには大事なこと、またよく読むと納得できることばかり……この16個を改善するだけでも大きい変化が起こります。

「やせている人がしていること」

私の「MYルール」＝「やせグセ」は自分の経験からできたもの。そして私のボディメンテンスメソッドも私の経験からできたもの。私が長年かけて意識してきたこと、またその意識が「美」に繋がっていることを2日目に書きました。「やせグセ」を一生のものにするために実践して欲しいことを紹介。ダイエットとは一見関係がないように思う内容もあったと思いますが、一生太らない、美しい女性でいるための秘訣や習慣でもあるので少しずつご自身のライフスタイルにプラスしてもらえると嬉しいです。

「生活習慣〜衣・食・住〜も考える」

3日目、4日目には生活習慣についてのお話を、そして5日目には私が愛用している「マストアイテム」を紹介しています。ダイエットというと食事制限をする人が多いのですが私が食事制限をしないワケも理解いただけたと思います。ちょっとした仕草や行動を変えるだけでも「やせグセ」がつくマストアイテムで紹介したアイテムもぜひ試してみてください。美のパートナーになるアイテムと出合うかもしれません。

「美は1日にしてならず」

6日目、7日目には、未来のあなたを圧倒的に美しくすることができる「マッサージ」と「ストレッチ&エクササイズ」を紹介。私がパーツモデルをしていたときに編み出したレッグメイクをはじめ、独自のボディメンテナンスメソッドをセルフケア用にアレンジしています。サロンではもちろん、私が美ボディを保つために毎日しているケア方法です。習慣化するためには少しの時間でもいいので毎日行うことをルールにしましょう。

この本を手に取ってくださった方々がひとつでも多くの「やせグセ」を身に付けることができれば幸いです。美しさと健康な身体は表裏一体。内からのケアと外からのケアで磨きをかけ、一生太らず美しい女性としての輝きを手に入れましょう。

これまでにお世話になった師匠・諸先輩、また開業当初からサロンに来てくださっているお客様、私の活動をサポートしてくださる方々……色々な方々とのご縁で今の私があると思います。

さらには宝島社 エディターの小寺さん、デザイナーの月足さん、イラストレーターのなつさん、そして私の大切な家族、亡き父、みなさまに感謝申し上げます。

2017年1月　久 優子

久 優子 *Yuko Hisashi*

美脚トレーナー
ボディメンテナンスサロン
「美・Concious 〜カラダ職人〜」代表

1974年東京生まれ。脚のパーツモデルを経てホリスティック医学の第一人者である帯津良一医師に師事。予防医学健康美協会・日本リンパセラピスト協会・日本痩身医学協会で認定を受け講師としても活動。その後もさまざまな分野で独自の研究を重ね、独自のボディメンテナンスメソッドを確立。マイナス15kgのダイエットに成功した経験を生かし、「足首」のケアをもとに「足首〜関節を柔らかくすることから身体を整える」美メソッドを考案。サロンは開業当時から完全予約制。美脚作りはもちろん、身体のバランスを整える駆け込みサロンとして有名人のファンも多い。著書に『1日3分！ 足首まわしで下半身がみるみるヤセる』（PHP研究所）、『脚からみるみるやせる2週間レシピ』（宝島社）がある。

http://www.yhbody.com
http://ameblo.jp/yhbody/
美脚トレーナー 久優子 LINE@ : @hisashi_beauty

1週間で「やせグセ」がつく自己管理メソッド

2017年2月6日 第1刷発行

著者 久 優子
発行人 蓮見清一
発行所 株式会社 宝島社
〒102-8388
東京都千代田区一番町25番地
編集：03-3239-0926
営業：03-3234-4621
http://tkj.jp
印刷・製本 サンケイ総合印刷株式会社

ISBN 978-4-8002-6629-3

装丁・デザイン：月足智子
イラスト：山口奈津
DTP：山本秀一＋山本深雪（G-clef）
編集：小寺智子
表紙写真：gettyimages